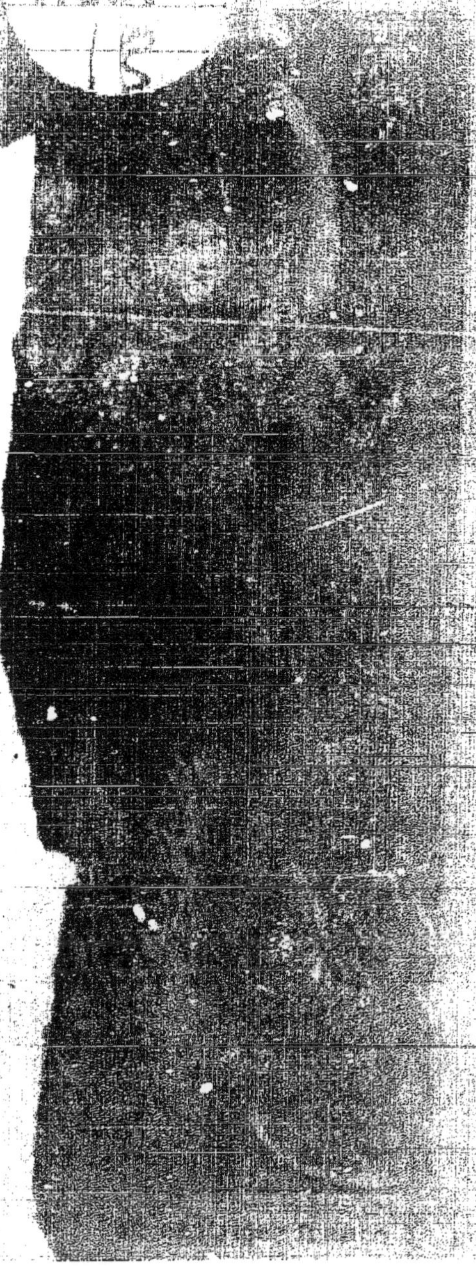

PROGRAM

LE
PROGRAMME RADICAL

PAR

Victor ARNOULD

ANCIEN MEMBRE DE LA CHAMBRE DES REPRÉSENTANTS

BRUXELLES
11, RUE DU PERSIL, 11

1887

Les Droits de l'Église.

Conférence donnée à Bruxelles, le 31 janvier 1886, sous les auspices du *Cercle des Soirées Populaires Rationalistes* et de la Société *Les Cosmopolitains*.

—

Un journal catholique disait hier que j'allais ce soir, devant vous, me livrer à mes éternelles déclamations contre les prêtres, et que j'allais me donner la tâche facile de soulever des questions politiques devant un auditoire composé de femmes et d'enfants autant que d'hommes. Mon intention n'est nullement de déclamer. Je tâcherai de parler le langage du bon sens le plus simple. Quant aux dames qui me font l'honneur de m'écouter, je voudrais savoir pourquoi on voudrait les désintéresser de la politique. On fait bien des femmes le principal appui de la religion, et la religion est cent fois plus difficile à comprendre que la politique, puisque la religion repose sur l'incompréhensible, et la politique sur la notion qu'on se fait des intérêts et des besoins de nous tous.

Quelle est la question politique qui n'intéresserait pas les femmes? Est-ce la question militaire qu arrache de la famille le fils, au moment où il va assurer sa carrière et apporter peut-être le pain à sa mère et à ses sœurs? Est-ce la question de l'enseignement, où la mère voit féconder ou stériliser le cœur et l'esprit de son enfant? Est-ce la question du droit de suffrage, qui établit à qui appartiendra le gouvernement, c'est-à-dire qui disposera de la sécurité, de la fortune et de l'avenir des familles? Est-ce n'importe quelle question économique, financière, sociale, puisque les femmes sont comme nous propriétaires, commerçantes, qu'elles ont les mêmes parts que nous dans les successions, les dividendes, les impôts, tout ce qui touche à la fortune publique ou privée? Je m'applaudis donc de voir des dames dans cet auditoire, et je regrette qu'elles n'assistent pas davantage à nos discussions publiques. Leur présence serait un frein à nos violences de langage, et leur bon sens pratique nous garantirait contre les déclamations inutiles et vides.

Mais la question que je désire traiter ce soir : *Du rôle et des droits de l'Église*, les intéresse par dessus tout. Les droits de l'Église, à entendre les catholiques, ce sont presque les droits de la femme et de l'enfant, parce que ce sont les droits de la morale, de l'éducation, de la charité, de tout ce qui soutient et protège le faible à l'encontre du fort. Il semble que si la religion était méconnue, la force et l'injustice régneraient seules. Le sein de la religion prétend être comme un sein maternel pour le peuple et les faibles, où ils se réfugient toujours aux moments d'oppression, d'angoisse ou de malheur.

Mesdames et messieurs, c'est la légende de la religion, et cette légende était autrefois acceptée. C'est pour cela que l'on confiait à l'Église la bienfaisance, l'enseignement et la propagation des principes de la morale, ces trois grandes fonctions sociales qui résument le rôle que l'Église assumait autrefois et qu'elle prétend exercer encore seule aujourd'hui. L'Église a, pendant des siècles, rempli seule ces fonctions : elle en a fait ce qu'elle voulait. Il nous suffira de voir ce qu'elle en a fait pour le bien commun et le progrès social, pour juger de ce qu'il peut encore y avoir de légitime dans ses revendications d'aujourd'hui.

Recherchons d'abord comment elle a entendu la bienfaisance, la charité ! Le mot est admirable. Venir en aide au malheur, demander au trop plein des uns pour suppléer au dénuement des autres, établir un peu d'égalité par l'abandon volontaire que font les riches de leurs richesses afin de diminuer la pauvreté des pauvres, constituer une sorte de fonds social où viendront puiser ceux que l'infortune accable, c'est un principe splendide, ce serait presque la justice sociale, si l'application en était rigoureuse et intelligente. Voilà les mots; voyons les choses. Oui, l'Église, depuis des siècles demande à tous, elle prend tout ce qu'elle peut prendre, elle prend aux nécessiteux comme aux riches, elle assiége le moribond, elle profite des malheurs publics, il n'y a pas un acte de notre vie dont elle ne tire de l'argent quand elle peut. Mais qu'a-t-elle jamais fait de tant de trésors? Elles les a conservés pour elle-même. Elle a bâti des temples luxueux, des couvents sans nombre, créé des sinécures grasses et bien rentées; mais a-t-elle jamais soulagé la misère? A-t-elle cherché à la diminuer ou à la détruire? Oui, elle a donné quelques os à ronger aux pauvres, grouillant aux portes des monastères; mais avant la Révolution française, après quelques siècles de ce système, les biens du clergé formaient la meilleure part de la fortune publique. Il a fallu exproprier ces êtres charitables pour rendre les produits de leurs accaparements au travail et à la circulation.

L'État et les communes ont dû prendre sur eux l'administration de la bienfaisance, des hospices, des hôpitaux pour leur faire produire quelque bien. L'Église a été reconnue indigne et incapable. Et, malgré que les administrations publiques ont pris sur elles toutes ces charges, depuis un siècle bientôt que dure le nouvel état de choses, l'Église n'a encore usé de son ascendant que pour refaire sa fortune particulière, et aujourd'hui, malgré les lois, la mainmorte nous envahit encore une fois de toutes parts.

Et aujourd'hui le prétexte même de cette grosse fortune n'existe plus, ce n'est plus le bien des pauvres, comme on disait autrefois. L'Église ne possède que pour s'enrichir et pour dominer, et, dans les villes et les villages elle ne fait de ses riéhesses que des instruments d'oppression et de domination, de concurrence au travail libre et de misère pour ceux qui ne veulent pas obéir. Quand il s'agit d'accorder des droits aux faibles, au grand nombre, c'est elle qui les combat. Elle entretient la misère et la soumission pour asseoir son règne au besoin sur les ruines de la nation. C'est ainsi qu'elle entend la bienfaisance et la charité.

*
* *

Passons à l'enseignement. Ici encore, l'État et les communes ont été obligés de déposséder l'Église, parce qu'elle était incapable et indigne; parce que, au lieu de propager l'instruction, elle la ruinait, en

cherchant à étouffer la science au lieu de la développer. Les administrations publiques ont dû prendre
la charge de l'enseignemeet parce que les prêtres,
au lieu de créer des citoyens et des hommes capables, ne formaient que des créatures, des ignorants
et des esclaves. Est-ce par pure haine des prêtres
que nous les chassons de nos écoles? La haine contre
les prêtres est née précisément de ce qu'au lieu de
s'occuper jamais de l'instruction des enfants, ils ne
s'occupaient dans les écoles que d'asseoir dans les
intelligences la domination de l'Église, à l'aide des
terreurs les plus absurdes et en considérant toute
conscience, toute raison, tout bon sens comme des
ennemis. Que reprochaient-ils à la loi de 1879, qui
permettait cependant au prêre de rester dans
l'école? Qu'elle eût un esprit scientifique, comme si
la science n'était pas le but même de l'enseignement!
Pourquoi ont-ils fait la loi de 1884? Est-ce pour
propager l'instruction? Non évidemment, mais pour
la ruiner, en fermant les écoles, en affamant les
instituteurs.

L'église ne veut pas de l'enseignement obligatoire,
sous prétexte de respecter les droits des pères de
familles. Mais elle veut bien du catéchisme obligatoire en prononçant l'anathème contre ceux qui le
refusent à leurs enfants Elle ne veut pas qu'obli-
gatoirement les intelligences s'éclairent, mais elle

veut bien qu'elles se faussent, parce qu'elle dominera
mieux des intelligences faussées et rendues absurdes.
L'Église n'est pas le protecteur de l'enseignement,
elle en est la pire, la plus mortelle ennemie.

*
* *

Que dirons-nous de la morale? Vous connaissez la
moralité des gens d'Église. Tout prendre et tout garder, ne rien accorder qu'à prix d'argent, avilir les
consciences en leur intimant la soumission quand
même, dénoncer, rompre tous les liens de la nature,
de la famille et du sang quand l'intérêt de l'Église
le commande, pratiquer le jésuitisme pour qui tous
les moyens sont bons. pourvu qu'on réussisse, et
l'hypocrisie qui permet, sous des apparences de
douceur, de cacher l'âme la plus noire et la plus
perfide, voilà leur morale! Est-ce la vôtre?

Que connaîtraient du reste ces célibataires, vivant
dans la quiétude d'une existence assurée, et des-
séchés par l'égoïsme mystique, aux lois de la famille,
aux lois de travail, à nos angoisses, à nos luttes, à
nos préoccupations, à nos besoins, à nos aspirations, à tout ce qui fait nos mœurs et par conséquent la morale? Ils puisent les principes de la
morale qu'ils enseignent dans des livres que nous
connaissons aussi bien qu'eux les connaissent, nous

n'avons donc pas besoin d'eux pour qu'ils nous les apprennent. Mais ils ne connaissent pas comme nous la vie qui est le véritable enseignement. Ici encore, par conséquent, ils sont incapables, et, disons-le, malheureusement trop souvent indignes.

***

Cependant l'Église, pour revendiquer ses droits, en tant qu'Église et institution publique reconnue par l'État, ne peut s'appuyer que de ces trois fonctions sociales qu'elle prétend remplir : la bienfaisance, l'enseignement et la propagation des principes de morale. Mais s'il est démontré qu'au lieu de les lui conserver, ou de les lui rendre, il est au contraire d'intérêt public qu'elle en soit dépossédée, qu'elle y renonce et qu'elle les abandonne, sur quoi dès lors pourraient encore s'appuyer les droits de l'Église dans notre société moderne, dont l'Église se déclare ouvertement l'ennemie.

Et pourquoi dès lors devrions-nous encore assurer des traitements aux ministres des cultes, leur prodiguer des honneurs, une importance officielle, obliger les communes à leur assurer des habitations, à entretenir leurs temples, les exempter des lois de milice, leur assurer une existence privilégiée et supérieure au reste de la nation ? La liberté commune ne

doit-elle pas leur suffire! Qu'ont-ils besoin de privi-
lèges !

Certes, je ne voudrais pas les empêcher d'enseigner s'ils se considèrent propres à l'enseignement.
La Constitution leur garantit la liberté et je veux
bien toucher à la Constitution pour étendre ses principes, mais non pour les restreindre. Mais comme le
but de l'enseignement est l'instruction, ce ne serait
pas toucher à la liberté que d'exiger qu'au moins un
minimum d'instruction fût assuré dans toutes les
écoles, dans les écoles du clergé, comme dans les
autres. Ce ne serait pas toucher à la liberté que
d'exiger certains examens des professeurs aussi bien
que des élèves. Savez-vous pourquoi les prêtres ne
veulent pas de l'enseignement obligatoire ? C'est
parce qu'ils n'ignorent pas que, dans ce système, il
faudrait bien que leurs élèves fussent obligés d'acquérir le degré d'instruction exigé par la loi. Car ils
n'entendent user de la liberté de donner l'enseignement qu'avec cette condition qu'elle leur permettra
de ne pas donner l'instruction.

Je ne voudrais pas non plus les empêcher d'exercer
la bienfaisance, puisqu'ils prétendent avoir les âmes
charitables avec eux, mais quand ils accaparent les
biens que leur laissent les âmes charitables pour
reconstituer la mainmorte à leur profit, je voudrais
que l'État appliquât sérieusement les lois inscrites

au Code civil et fît rendre gorge à ceux qui possèdent sans titre ni droit. Ce serait une spoliation s'écrient les catholiques, ce serait une expropriation injustifiable! Pardon : il ne peut y avoir expropriation que lorsqu'il y a des propriétaires, et nous prétendons précisément que la mainmorte n'est pas une propriété. On ne peut enlever injustement à quelqu'un ce qui n'appartient à personne.

Je ne voudrais pas non plus empêcher les gens d'Église de pratiquer la morale à leur façon, mais à la condition cependant que lorsqu'un grand nombre d'hommes ou un grand nombre de femmes vont habiter ensemble et en commun dans des couvents, et se soustraire à notre ordre social qui repose sur la famille et le travail, l'État conservât le droit d'inspection dans ces établissements comme dans tous les établissements incommodes, dangereux ou insalubres.

C'est toujours la liberté, mais la liberté comme pour nous tous, c'est la liberté sous la sauvegarde, en même temps que sous le contrôle des lois.

Les catholiques ont les mêmes droits que nous avons nous-mêmes : qu'ils les exercent, qu'ils leurs soient garantis loyalement. Quoiqu'ils ne nous aiment guère, nous devons les respecter comme nous désirons qu'ils nous respectent nous-mêmes. N'oublions jamais qu'ils sont nos concitoyens. Mais l'Église, dans notre société moderne, n'a plus, en qualité d'institution publique, de droits, parce qu'elle n'a plus de fonctions. Il a fallu lui réprendre celles qu'elle possédait. L'État n'a plus à s'occuper d'elle si ce n'est pour l'empêcher de porter atteinte aux droits d'autrui. Elle est encore, elle restera une association, elle ne peut plus être une institution.

Et ces droits qu'elle avait jadis, ces fonctions, nous les exercerons mieux qu'elle ne l'a jamais fait.

Non seulement l'enseignement restera libre, mais nous ferons que la science soit indépendante, nous ferons que la vérité scientifique n'ait plus rien à redouter ni des erreurs et des préjugés de l'Église, ni même de la domination de l'État.

La science peut être indépendante, l'Église l'a bien été; elle l'est encore !

Non seulement les administrations publiques exerceront la bienfaisance sans acception de croyances ou d'opinions, mais au lieu des bienfaisance nous demanderons des droits : nous voulons que le travailleur n'ait plus à tendre la main, qu'il puisse vivre de son travail, que si on ne peut pas garantir le travail, on garantissse au moins au travailleur les fruits du travail.

Et, c'est ainsi que nous ferons de la morale sociale, en améliorant les conditions d'existence, en diminuant les risques et en diminuant par conséquant les occasions de faillir.

A mesure que l'équilibre social s'affermit, la morale voit ses assises plus solides. Les actions des hommes ne se déterminent pas par les injonctions d'un prêtre, par des espérances illusoires ou des terreurs ridicules, telles que le ciel et l'enfer, par des principes théoriques qu'il suffirait d'enseigner et de répandre.

La morale dépend des conditions générales de la vie. Améliorer ces conditions, c'est développer la morale. Elle est pour nous un grand et invincible rayonnement sortant des consciences éclairées. Elle est pour nous ce qu'il y a de vraiment humain dans l'humanité, si bien que le cœur qui contient le plus d'amour désintéressé contient aussi le plus de morale. Quelle est la plus large, la plus pure source de la morale, sinon le cœur d'une mère? Pourquoi? parce qu'il n'y a rien dans l'humanité de plus pur, de plus grand et de plus désintéressé. Mères qui m'écoutez, vous le savez, vous n'avez qu'à consulter vos cœurs pour enseigner la morale à vos enfants.

Ayons foi dans l'humaité, dans la nature. Développons dans l'homme la liberté, la science, assurons-lui les conditions matérielles de la vie, tout ce que l'Église a toujours combattu, et nous sauverons la morale, nous ferons triompher la justice. La justice sociale, voilà notre volonté, voilà la réalité vers laquelle nous marchons.

La Liberté de la Science.

Conférence donnée en 1880 à la *Libre pensée* de Bruxelles.

—

La loi nouvelle sur l'enseignement primaire, à peine appliquée, soulève de toutes parts des difficultés et des protestations. Cette loi n'est pas pratique du tout. Elle devait nous faire sortir de la situation fausse créée par la loi de 1842; elle nous plonge plus que jamais dans le gâchis. Avec les meilleures intentions, on a fait une œuvre qui ne paraît pas avoir d'assiette fixe et solide, et qui, par conséquent, ne peut pas être durable. Pourquoi? Parce qu'aucune conception claire et simple n'a présidé jusqu'au bout à l'élaboration de la loi.

L'enseignement public, pris à un moment donné, est formé de l'ensemble de toutes les vérités reconconnues et vérifiées, qu'une génération qui les accepte transmet à la génération suivante, comme le dépôt de tout ce que l'humanité a su acquérir d'essentiel depuis qu'elle existe. La masse énorme des connaissances humaines ne peut naturellement descendre tout entière et d'un seul flux dans chaque cerveau ; des canaux nombreux, à des étages successifs, en conduisent les eaux à des destinations diverses ; mais n'importe où l'eau fertilisante coulera, elle se ressentira toujours de son origine et de l'état limpide ou trouble de la nappe supérieure. Aussi, comme, par la force des choses, dans le réservoir commun tout se jette, le vrai comme le faux, l'illusion comme la science, la société qui a intérêt à ne transmettre aux générations futures que ce qu'elle a reconnu comme utile et fécond, est obligée de temps en temps de faire un travail de curage, et de séparer les parties saines des éléments nuisibles ou corrompus. Les eaux vives font sur elles-mèmes ce travail d'épuration ; elles se filtrent en courant : la science entièrement libre et maîtresse d'elle-même se débarrasserait par son propre mouvement de ses éléments impurs. Mais lorsque, comme chez nous, la puissance publique préside à la conservation et à la distribution de la science, elle assume en même emps l'obligation de faire périodiquement une révision fondamentale de ce qu'elle enseigne et répand de notions et de principes.

Tout dépendra donc des mains entre lesquelles sera déposée la puissance publique ; car si les hommes qui gouvernent étaient eux-mêmes ignorants ou égarés, il se pourrait qu'au lieu de rejeter les parties nuisibles et de retenir les bonnes, ce seraient celles-ci que peut-être on excluerait, ou qu'on mêlerait avec les autres.

Placez des catholiques au-pouvoir : ils ont un ensemble de conceptions qui pour eux sont la vérité même; ils les imposeront par tous les moyens et tiendront toutes les autres pour subalternes ou fausses. Ce sera l'empoisonnement en règle et dont les effets seront si pernicieux dès l'abord, que le corps social expulsera le tout violemment par une inévitable réaction sur lui-même. Mais que le gouvernement soit aux mains d'hommes sceptiques, indifférents ou timorés, et on pourra les voir au lieu de nettoyer à fond, battre inutilement la surface des eaux, habiles seulement à faire monter la vase sans nous en délivrer. Ah! s'ils rompaient simplement les digues et rendaient la science à elle-même, le grand fleuve trouverait bien son cours; mais s'ils prétendent conserver l'enseignement comme un dépôt public qu'ils dispensent, et qu'en même temps ils le laissent corrompre, nous aurons tout le mal de la liberté, c'est-à-dire le mélange, avec le mal de l'antorité, c'est-à-dire la stagnation, sans avoir aucun de leurs avantages.

La loi nouvelle était inspirée bien hautement par

ce principe d'épuration radicale dont je parle, et comment il fallait épurer, tout le monde aussi le savait bien, c'était en séparant l'enseignement frelaté de l'Église, des enseignements de la science. Comment cependant ces deux enseignements restent-ils encore confondus aujourd'hui? Comment ce principe de la loi, si clair par lui-même, a-t-il été petit à petit, au cours de la discussion, détourné de son acception évidente, pour disparaître presque entièrement à la fin et laisser les choses dans l'état, à peu près, où elles étaient antérieurement? Sont-ce les hommes qui ont manqué de logique et de fermeté, ou bien la force des choses s'est-elle imposée aux intentions des hommes? Il y a de l'un et de l'autre; mais certes, ce n'est qu'en remontant aux principes que nous pourrons rectifier une situation faussée de nouveau, et donner à l'opinion publique les satisfactions qu'elle exige avec raison.

L'enseignement public en Belgique n'est pas une création nationale. C'est pour cela peut-être que tout ce qui y touche a toujours eu chez nous quelque chose d'embarrassé, d'illogique et de contraint. Ce que nous possédons d'organisation, d'institutions fondamentales et de lois en matière d'enseignement, nous a été légué par la conquête. Nous avons fait corps avec la France révolutionnaire et impériale. Nous avons respiré le grand souffle de 93, et notre poitrine en a gardé son ampleur et son besoin d'air libre ! Mais nous avons connu les liens impériaux, et nos membres en ont été déformés: nous en sommes restés boîteux. L'enseignement public a pris dès lors et il a conservé la figure d'un grand essor, brisé sans cesse par une infirmité secrète. Guillaume de Hollande, il faut lui rendre cette justice, eût voulu nous redresser, même au prix de quelque souffrance. mais 1830 nous rendit à nous-mêmes, avec nos aspirations et nos infirmités. Depuis lors, que d'élans et que de chutes ! Malgré la liberté à laquelle on nous maria solennellement, quelle triste besogne ! Nous parlons sans cesse de 89 (nous en parlions même en 1842) et nous conservons le souvenir de ce monde de ogique et de clarté; mais on dirait que nous en avon été précipités par quelque coup terrible et poui toujours. C'est là cependant qu'il nous faut remonter et nous ressaisir énergique nt si nous voulons nous refaire. Si nous avions av...t la Révolution française connu une existence indépendante, peut-être devrions-nous y rechercher avant tout les principes de notre enseignement public; mais alors non plus nous n'étions pas nous-mêmes; nous ne nous sommes retrouvés qu'avec notre propre révolution de 1788 presque concomitante avec la Révolution française, quand l'ère moderne naissait et que l'homme nouveau apparaissait, non en France seule·

ment, mais dans toute l'Europe. Nous pouvons accepter ces origines qui sont celles de toutes les institutions libres.

L'Assemblée législative venait de rendre l'homme individuel à lui-même, en rompant les liens antiques par lesquels le père, la mère, l'enfant, étaient attachés à la vieille Église; la naissance, le mariage, la mort venaient d'être affranchis; l'Église perdait la tutelle morale du monde, et la famille civile était constituée. C'est alors, en 1791, qu'après avoir rendu à la famille son indépendance morale, l'Assemblée voulut assurer à la société tout entière sa souveraineté intellectuelle. Le cœur vit d'intimité, l'esprit vit de publicité, de libre communication avec l'univers. La Révolution apportait à l'humanité une atmosphère nouvelle. De toutes parts, comme des souffles printanniers, les idées circulaient. La société devait pouvoir respirer cette atmosphère bienfaisante dont elle vivrait désormais. Pour cela, il lui fallait des poumons vastes et sains, il lui fallait une large organisation de l'enseignement public. C'est par l'enseignement public, puissamment constitué, que l'Assemblée jugea, et avec raison, que le monde nouveau prendrait intellectuellement possession de lui-même.

Elle chargea Mirabeau de lui décrire le système entier du nouvel organisme; elle était d'avis, en

effet, que rien de grand et de fort ne peut être créé
que d'une seule venue et par une conception unique.
Le génie de Mirabeau trouva, du reste, du premier
coup, la formule définitive de ce grand et alors nouveau problème. Il ne s'amusa point à chicaner
le passé ni à tricher l'avenir. Il prononça la parole
vivante qui depuis lors résume le débat pour les es-
prits sains; il réclama l'indépendance organique de
la science. C'était l'idée tout entière de la Révolution.

Jusque là, certes, par les travaux des philosophes
et des savants, la science était constituée, et, si elle
n'eut pas été constituée, il eût été impossible de lui
reconnaître ses droits légaux et publics; mais, pour
la première fois, il était déclaré que la science est
par elle-même une puissance souveraine, à l'égard
de laquelle ni l'État ni l'Église n'ont à exercer aucun
pouvoir supérieur, humain ou divin.

Pour Mirabeau, pour la Révolution, il ne faut pas
seulement que l'Église ne conteste plus à la science
le principe même de la vérité et de la certitude; il
faut que l'État, il faut que la puissance publique ne
puisse plus détourner la science de son véritable
but, de la recherche impartiale du vrai, pour la faire
servir à des plans d'utilité temporaire et changeante.

« De toutes les vues fondamentales, dit Mirabeau,
d'après lesquelles on doit se conduire dans cette ré-

forme, la première et la plus importante est de ne soumettre les colléges et les académies qu'aux magistrats qui représentent directement le peuple, et qui sont élus et fréquemment renouvelés par lui. *Aucun pouvoir permanent* ne doit avoir entre les mains des armes aussi redoutables. »

C'est-à-dire que Mirabeau songeait à assurer avant tout l'indépendance et la perpétuité de la science en ne laissant exercer sur elle qu'un contrôle purement extérieur et par des pouvoirs changeants et instables, tandis qu'il la constituait à l'état de puissance séparée et souveraine vis-à-vis de l'État comme vis-à-vis de l'Église.

Ce fut l'idée-mère dont s'empara Condorcet dans son plan soumis à la Convention, adopté par elle, et qui fit de la science et de l'enseignement une république dans la République, avec des chefs élus et annuellement renouvelables. Spectacle magnifique et nouveau. La Convention, la plus grande concentration de pouvoirs qui fût jamais; la force la plus triomphante et la plus énergique que les hommes aient peut-être connue, la Convention abdique devant la science et lui assure généreusement sa part de souveraineté. Car il ne suffit pas à la Convention de proclamer le principe; il ne lui suffit même pas de déléguer à la science, par une loi, la possession et la direction d'elle-même; la Convention constitue la science indépendante de fait, en lui donnant tous les organes, grâce auxquelles elle pourra désormais se passer de l'État et repousser efficacement son intervention.

Par les lois du 29 frimaire an II et du 27 brumaire an III, les instituteurs et institutrices sont nommés directement par le peuple sous la surveillance des pères de famille, et, dans sa hiérarchie, le corps enseignant se recrute ensuite lui-même. Voilà l'organisation que j'appellerai subjective, personnelle, et qui permet à la science d'exercer son influence sociale librement, volontairement, par l'enseignement. Mais, sous l'organisation personnelle, il faut l'organisation objective, réelle; il faut les institutions matérielles et permanentes qui formeront les assises définitives de la vérité et les citadelles imprenables de la puissance scientifique.

A cet effet, la Convention consulte d'abord l'ensemble des connaissances humaines, qu'elle divise en sciences physiques et mathématiques, en sciences morales et politiques. en sciences littéraires et artistiques. Ce sont les trois branches du flambeau universel. A chacune de ces branches elle assure ses écoles spéciales; puis elle forme des écoles supérieures, réunissant un ensemble de sciences particulières, et enfin tout au haut, couronnant le tout, elle crée l'Institut divisé lui-même en trois classes et

n'ayant d'autre but que de systématiser, de synthétiser la science universelle, ni d'autre principe que
la recherche impartiale de la vérité, sans aucune préoccupation politique ou religieuse.

Comme écoles spéciales, la Convention crée presque à la fois les écoles d'astronomie, de géométrie
de mécanique, d'histoire naturelle, de médecine,
d'économie rurale, d'antiquités, de sciences politiques, de peinture, de sculpture, d'architecture. Au
second degré, elle forme l'école polytechnique,
l'école normale pour former les professeurs, le mu-
seum d'histoire naturelle, le conservatoire des arts
et métiers, l'école de médecine, l'institut central de
musique, l'école navale, celle du génie et des mines.
Elle ouvre le musée du Louvre.

Enfin, l'Institut domine, dirige le tout. Et l'enseignement est universellement gratuit aux premiers
degrés. Mieux que cela, dans les degrés supérieurs,
là où les hommes doués d'aptitudes spéciales s'engagent à se consacrer exclusivement à la science,
l'État, loin de leur demander aucune rétribution,
assure lui-même leur entretien par une indemnité
uniforme. La Convention juge, en effet, que l'intérêt
primordial de la société est de *savoir*, l'homme ne
pouvant que par ce qu'il sait.

Jusque là, on avait trouvé naturel, on trouve encore
naturel aujourd'hui, que l'Église, ce vaste ensemble

de conceptions surannées 'ou fausses, eût la pleine
direction d'elle-même. Si parfois l'État s'était mêlé
de questions de discipline dans l'Église, cependant en
principe et depuis sa constitution définitive, l'Église,
comme organisme intel'ectuel et moral, av it pu
suivre son propre développement ; de là, en somme,
ce que son évolution a de majestueux et d'imposant.
Après tant de siècles, une suite aussi logique que
possible dans un même ordre d'idécs a fait de l'Église
un monument, dont la masse au moins laisse une
impression de grandeur. Sans doute, on reconnais-
sait que si les conceptions religieuses avaient pu répondre, à des époques antérieures et barbares, à des
besoins sociaux encore informes, la religion n'avait
plus rien qui pût satisfaire aujourd'hui aux exigences
éclairées de l'intelligence et du cœur. Et cependant,
par une sorte de respect pour ce grand passé, on ne
voulait pas toucher à ces idées, même erronées,
pour les combattre par des moyens politiques. La
conscience humaine, qui s'est formée elle-même,
doit elle-même aussi se reprendre et se réformer ;
elle doit rester libre, même quand elle paraît s'éga-
rer. Mais si la Révolution consentait à ce que la Religion restât en possession de ses dogmes et les
expliquât à ceux qu'une sorte de goût corrompu ou
une nature athrophiée portaient encore à se contenter de ces principes embryonnaires, elle voulait au

moins que la Science pût enfin se lever en face de l'Église. avec une discipline aussi forte, avec une indépendance et des moyens égaux à ceux de l'Église. Car si l'État, avec ses armes politiques, est impuissant à combattre l'Église et n'a pas même le droit de la limiter dans ses affirmations et dans ses revendications morales, la science, au contraire, à laquelle appartient tout le champ de la pensée humaine dans toutes ses manifestations, a le plein droit et le devoir de disputer sa place à l'Église, de l'écarter où elle se trompe, de la remplacer où elle fait défaut. C'est à l'humanité de choisir entre la science et la religion, entre la connaissance et la foi; mais elle le doit en pleine liberté; et la Science doit être mise en possession de forces matérielles suffisantes pour pouvoir s'affirmer tout entière dans toute sa grandeur, comme l'Église avait pu le faire avec le concours universel pendant tant de siècles. La Convention alla même, sur un rapport de Lakanal, jusqu'à rendre obligatoire la connaissance de certaines notions élémentaires nécessaires à tous les hommes, de même que la religion avait jusqu'alors, et avec l'appui des pouvoirs publics, rendu obligatoire la connaissance des « vérités élémentaires » de la religion contenues dans le catéchisme.

N'était-ce pas là un magnifique ensemble ? Ne pensez-vous qu'après cinquante ans d'une organisation pareille, l'Église eût cédé devant la science comme le patache a disparu devant la locomotive, non par la violence, mais par le naturel penchant de l'humanité vers ce qui est plus utile et ce qui est meilleur? Ne pensez-vous pas que ces véhicules de la pensée, créés par la Convention, étaient aussi puissants dans l'ordre intellectuel que toutes les applications de la vapeur l'ont été dans l'ordre physique; et que s'il a suffi de cinquante ans pour transformer, à l'aide de la vapeur, le globe terrestre à l'extérieur, il eût suffi également d'un demi-siècle pour transformer, à l'intérieur, cet autre globe que nous portons sur nos épaules, et dans lequel chacun de nous garde tout le monde de la pensée, chez quelques-uns déjà un peu éclairci, mais chez la plupart encore aussi obscur, aussi impraticable, aussi couvert de forêts sans jour et de marais sans air, que l'était l'Europe pendant les siècles barbares?

L'initiative de la Révolution était trop simple et trop grande. Cela ne pouvait durer. L'État militaire et administratif dont on se passait, l'Église qu'on supplantait ne pouvaient souffrir des excès pareils. Ils s'allièrent dans une détresse commune et s'unirent contre la science et la liberté : c'est ce qu'on appela le 18 brumaire. Et de même que la pensée-mère de la Révolution avait été de donner son vol à la science, en émancipant l'enseignement, de même la première idée de la réaction fut de soumettre l'enseignement pour brider la vérité.

Le 11 floréal an X, une nouvelle discipline était sanctionnée par le consul Bonaparte, et Portalis, dans son rapport, disait : « Il est temps que les théories se taisent devant les faits. Point d'instruction sans éducation ; point d'éducation sans morale et sans religion. » En même temps, Napoléon formait les instituteurs en un corps enseignant compacte, soumis à la surveillance constante de l'État impérial. Désormais, comme le déclarait de son côté Royer-Collard, « c'était le gouvernement lui-même appliqué à la direction universelle de l'instruction publique. » Le contre-pied franc et absolu, comme vous le voyez, de la pensée de Mirabeau et de Condorcet.

Ainsi prenaient leur revanche l'État et l'Église ensemble. Désormais la science ne paraîtra plus qu'entre deux surveillants : le prêtre d'un côté, le policier de l'autre. Elle marchera comme une condamnée, et le pis, c'est que le policier et le prêtre ne s'aiment pas ; chacun tire la malheureuse de son côté, et quand ces ennemis se bousculent, c'est elle qui reçoit les bourrades. Ce n'est plus à la science de savoir vers quel but elle marchera ; ce n'est plus elle qui choisira sa route. Théories que tout cela! comme disait Portalis. Il ne s'agit plus de science, il s'agit d'autorité; et depuis trois quarts de siècle on ne se demande plus ce qu'apprendront les enfants ou ce que sauront les populations, on se demande à qui, de l'État ou de l'Église, tout le monde obéira.

La Belgique, dans les suites données à la réaction napoléonienne, ne se sépare plus de la France. Il n'y a plus entre la France et nous que des différences apparentes. Nous faisons, à la vérité, en 1830, une révolution libérale qui aurait pu nous apporter quelque chose de nouveau. En effet, alors que nous avions conservé, malgré Guillaume, l'organisation napoléonienne, nous inscrivions en 1830, dans notre Constitution, un principe par lui-même fort ennemi de la pensée réactionnaire : nous proclamions la *liberté de l'enseignement*. Malheureusement, il n'y a si beau principe qui puisse faire son chemin tout seul, et comme chez nous, en somme, en dehors de la puissance de l'État, il n'y avait pas d'autre puissance réelle et collective que l'Église, ce fut l'Église seule, sous le couvert de la liberté, qui forma des écoles. Elle en prit à peu près une moitié pendant que l'État possédait l'autre. Comment la science indépendante aurait-elle pu germer entre ces deux rocs? Une seule tentative sérieuse a été faite depuis cinquante ans : c'est la création de l'Université libre de Bruxelles. Mais ceux qui la connaissent savent combien elle-même doit sacrifier à l'Église et à l'État : à l'État par les examens, à l'Église par la philosophie.

Nous pouvons donc, malgré cinquante ans de liberté, dire que nous sommes encore au lendemain de la réorganisation napoléonienne.

Chez nous comme en France, deux puissances seules, l'État et l'Église, restent debout sur les ruines de la science indépendante, et depuis trois quarts de siècle, malgré les fortunes politiques diverses, nous avons côtoyé l'histoire française de l'enseignement avec le même esprit, les mêmes éléments et la même absence de but. Chez nous comme chez elle, toute l'histoire de l'enseignement s'est renfermée dans le conflit perpétuel entre l'Église et l'État, sans que l'État ait jamais osé rompre avec l'Église ou l'Église se séparer jamais et se passer de l'État. En effet, s'ils sont assez forts tous deux unis, pour occuper le champ de l'instruction tout entier et n'en laisser aucune parcelle à l'ennemi, l'un des deux succombant, la science libre aurait bientôt raison de de l'autre.

Mais qu'est-ce qu'un pareil spectacle et ce conflit dont on sait qu'il ne peut avoir de fin, sinon, sous le couvert de progrès et de civilisation, qu'une répétition moderne et en habit noir de tout l'obscur et stérile moyen-âge lui-même? Qu'est-ce, sinon une

reproduction de la lutte incessante, éternellement
semblable à elle-même, de l'Église et de l'Empire :
tous les deux d'accord pour ne laisser naître aucune
puissance qui les pût supplanter, mais se disputant
perpétuellement une suprématie qui jamais n'appartient à l'un des deux définitivement, et sans autre
principe que le partage de cette suprématie elle-
même.

Dans la politique moderne, cette reproduction du
moyen âge, avec la volonté d'y renfermer toute
l'activité publique, s'appelle la politique DOCTRI-
NAIRE.

Politique doctrinaire qu'inaugurait Napoléon,
comme la continuait Guizot, ou que la refaisait la
République française de 1848 ; politique doctrinaire
dont nous ne réussissons pas à sortir nous-mêmes,
et qui subsiste, soit que l'Église et l'État s'entendent
temporairement soit qu'ils ne s'entendent pas,
aussi longtemps que l'un des deux ne veut pas
décidément abandonner l'autre en route, aussi longtemps que l'État croira ne pas pouvoir marcher seul
enfin, laissant l'Église libre sans doute, libre de
ruminer au bord du fossé, mais trouvant qu'assez
longtemps il a usé ses meilleures forces à traîner
après lui par les chemins, en se querellant sans
cesse, cette lourde, désagréable et inutile personne.
Hélas ! ne fut-ce pas la première conséquence de la

Révolution de 1830 que de remettre sous le bras du jeune État la griffe de cette vieille Église que Guillaume avait tenté de répudier ; et, malgré le ridicule de cet accouplement, le jeune État a-t-il cessé un seul jour de faire auprès de l'Église le cavalier servant, avec toute la mauvaise humeur et toutes les protestations imaginables ?

Je sais bien que la prétention affichée des politiques doctrinaires est de mettre l'Église si bas qu'elle ne puisse plus nuire, ou de la régénérer si bien qu'elle finisse par marcher du même pas que la politique doctrinaire elle-même, et l'on sait si elle est ingambe ! Il est même des époques où l'on échange amicalement des vues à ce sujet, mais ce sont là d'innocentes rêveries : elles sont contraires au système comme aux traditions. Que ferait l'État dans la conception doctrinaire, si un seul jour il n'avait pas l'Église auprès de lui ? N'ont-ils pas ensemble vaincu la Révolution ? Est-ce trop de leurs forces réunies pour la contenir encore ?

Aussi, lorsqu'au Moyen-âge on comprend parfaitement la lutte exclusive entre l'État et l'Église, — parce qu'entre ces deux organismes il n'y avait réellement rien, — toute la force militaire, l'unique force matérielle, étant concentrée dans l'Empire, et toute la force intellectuelle et morale étant concentrée dans l'Église — aujourd'hui que tout le monde, même les plus aveugles, voit la Science debout, dominant en réalité l'État et l'Église ensemble, puisqu'elle a transformé le monde matériel par l'industrie et qu'elle a réformé le monde intellectuel par ses méthodes, aujourd'hui même, et après un siècle bientôt d'expérience, voit-on une sérieuse tentative chez nos hommes d'État pour rendre quelque chose de son indépendance à cette Science souveraine?

La théorie de Royer-Collard et de Guizot avait triomphé chez nous sans conteste, par la loyale alliance entre l'Église et l'État. Elle effaçait toute divergence et faisait passer sous le même niveau administratif et ecclésiastique toutes nos écoles du haut en bas de l'échelle, et même les universités, par les examens communs entre les universités de l'État et les universités libres, examens communs entraînant par la force des choses un enseignement uniforme. Mais maintenant même que des idées plus saines se sont faites jour, n'est-ce pas la même politique doctrinaire qui interprète à sa façon la loi nouvelle, et la frappe dès l'abord d'impuissance, en gardant au catéchisme sa place dans l'école, malgré le refus du prêtre lui-même de venir l'y enseigner? Car en maintenant le catéchisme, en laissant à l'enseignement de l'Église sa place officielle à côté de l'enseignement de la science, que fait-on, sinon conserver par tradition et par principe l'union intime,

napoléonienne, entre l'Église et l'État, par défiance
de la vérité libre? Et alors que nous avons doté
l'Église d'une organisation matérielle splendide,
tout en lui laissant sa pleine liberté, — car elle dis-
pose jusque dans les moindres villages de temples
auxquels on ne peut comparer nos écoles ; elle
jouit d'un budget auquel on ne peut comparer celui
de l'instruction publique ; — alors, par conséquent, que nous l'avons rendue assez forte par elle-
même pour réunir tous les enfants dans ses temples
et leur enseigner ce qu'elle appelle ses « vérités
élémentaires », comment faut-il qu'à cette Église
toute-puissante nous donnions encore dans nos
écoles une place presque égale à celle de la science?
Nous doublons ainsi ses moyens déjà si formidables,
et alors qu'au nom de principes mal compris de
liberté, nous hésitons à rendre obligatoire pour
tous les enfants l'enseignement des éléments premiers de la science! Et ce sont nos hommes d'État
libéraux qui font cela par une sorte d'impulsion
intérieure plus forte que leur volonté.

Et croyez-vous donc qu'on sème impunément les
idées mortes? Pensez-vous donc que répéter le catéchisme, ce n'est pas répéter l'Église tout entière,
dans ses méthodes, dans sa morale, dans son histoire, dans sa théologie, et que tout cela n'est pas
le contraire de notre science, de notre morale, de

notre histoire, de notre philosophie à nous! Si vous ne comprenez pas cela, hommes d'État, c'est que vous ne comprenez rien ni à notre siècle, ni à notre monde, ni à notre science; et vous voulez enseigner! vous voulez diriger l'enseignement? vous voulez dispenser la science!

Si votre corps enseignant ne comprend pas cela, s'il enseigne ce catéchisme sans répugnance à côté de ce qu'il sait de vérité, c'est que votre corps enseignant n'est pas lui-même à la hauteur de notre siècle, du monde moderne et de ses besoins! C'est alors que Napoléon Ier, lorsqu'il brisait dans le corps enseignant le nerf de l'indépendance personnelle, brisait en même temps, anéantissait l'indépendance scientifique et la compréhension même de la vérité. Et s'il en était ainsi; il ne suffirait plus même d'une loi nouvelle encore, ou d'une interprétation saine et logique de la dernière loi, il faudrait un nettoyage à fond, il faudrait retourner comme un gant toute cette organisation réactionnaire, puisqu'il serait prouvé qu'elle est vide d'idées, vide de chair vivante et de force réelle.

Comment! hommes d'État et instituteurs ensemble vous considérez comme parfaitement indifférent d'enseigner tous les jours, indéfiniment, et par la même bouche, d'un côté que trois fois un font trois, que rien ne naît de rien, que les corps s'attirent, se pondèrent et exercent l'un sur l'autre leur influence réciproque par les forces qui leur sont propres, et, de l'autre côté, que trois dieux n'en font qu'un, que Dieu créa le monde de rien, que l'univers ne se tient en équilibre que par l'incessante intervention de la volonté divine?

Mais que deviennent vos sciences physiques et mathématiques?

Hommes d'État et instituteurs, vous soutenez, d'un côté, qu'à côté de notre droit existe le droit d'autrui respectable à l'égal du nôtre; que les hommes doivent s'aimer, s'entr'aider, malgré les différences de sectes et d'opinions, que les contrats librement conclus sont sacrés et engagent également toutes les parties; et, de l'autre, vous proclamez avec le catéchisme que hors de l'Église il n'est point de salut; qu'aucun droit ne prévaut contre le droit de l'Église qui représente le droit de Dieu; que pour Dieu et pour ceux qui parlent en son nom, il n'est point de contrat; que le jour où il le veut (ou le peut), il écrase justement l'adversaire.

Mais que deviennent donc vos sciences politiques et morales?

Hommes d'État et instituteurs, vous protégerez, vous propagerez la littérature et les arts; vous présenterez sans cesse à tous, ces miroirs lumineux où les ressorts les plus cachés de nos actes se meuvent en pleine clarté, où les passions les plus hautes comme les plus sombres éclatent en pleine violence afin que l'homme se connaisse, s'admire ou s'amende ; et en même temps vous répéterez avec le catéchisme que l'homme doit s'ignorer lui-même, suivre aveuglément la direction du confesseur, sacrifier ses penchants naturels et son humanité entière à je ne sais quel insatiable inconnu !

Et les cervelles des enfants, prises entre ces meules contraires, n'en seraient pas broyées ? On pense faire autre chose avec de pareils systèmes que des générations mortes ? Et c'est ainsi que nous remplirons, à l'égard de ceux qui nous suivent, l'obligation de transmettre comme un dépôt sacré ce que nous gardons de pur et d'incontesté du grand travail humain ! Et notre instrument, pour une pareille œuvre sera cet instituteur à qui nous décernons tant de louanges et que nous proclamons sur tous les tons la grande figure du siècle, « l'agent incorruptible du progrès, » opposé toujours et partout à l'agent ténébreux de la réaction »! Cet instituteur, nous l'aurons livré sans presque le défendre à la politique doctrinaire, pour qu'elle en face son type définitif, l'incarnation de la contradiction même entre la religion et la science dont elle paraît poursuivre la solution impossible. Quoi ! le double visage du Janus, laïque d'un côté, mystique de l'autre, appliqué par le libéralisme à son émanation la plus chére : l'instituteur !

Combien la conception de Mirabeau et de Condorcet était plus vraie, plus logique, plus féconde. Ils émancipaient la science, tout en laissant l'Église libre; ils assuraient à l'État sa souveraineté, ils consacraient l'indépendance de la vie civile, sans les compromettre dans aucune alliance douteuse et sans les charger d'aucune responsabilité impossible. Certes, je n'imagine pas de renvoyer purement et simplement nos hommes d'État à la Convention, et je reconnais qu'il y aurait quelque difficulté à reprendre dans son entier l'œuvre de Mirabeau et de Condorcet; de Mirabeau, qui eût la plus vaste et et la plus libre conception de la société nouvelle; de Condorcet, qui forma le plan le plus large et le plus clair de l'ensemble des sciences. Mais un grand but enoblit même les actes médiocres, et il n'est pas de but plus grand que de rendre son indépendance à la science, en lui assurant, bien entendu, les moyens de la défendre et de la maintenir. Voilà, pour moi, où doit tendre toute politique en matière d'enseignement; et un seul pas dans ce sens est un bien, pourvu que ce pas soit ferme, franc, et que lorsqu'on rompt les liens d'un côté on ne les rattache pas de l'autre.

L'Organisation de l'Armée

Conférence donnée en flamand à l'Union démocratique et progressiste d'Anvers le 14 février 1886.

Je ne sais pas s'il y en a beaucoup parmi vous qui aient suivis de près la discussion qui vient d'avoir lieu à la Chambre sur la question militaire et la réserve proposée par M. le ministre de la guerre. Ceux qui ont suivi cette discussion peuvent dire qu'ils ont perdu leur temps. D'abord ils savaient bien à l'avance ce qui allait être voté. C'est naturellement une aggravation de charges pour les malheureux. Chez nous, quand le pouvoir a besoin de n'importe quoi, en hommes ou en argent, on peut toujours être certain que ce ne sont pas ceux qui nous gouvernent qui payeront. Et nous sommes gouvernés par cent mille censitaires. On n'a besoin à la Chambre de discuter aucune question en rapport avec les intérêts réels du pays ; on n'a qu'à chercher comment on fera pour ne pas mécontenter les censitaires; c'est le commencement et la fin de la politique doctrinaire et catholique.

Aussi ce n'est pas seulement le résultat, le vote, qui a été navrant, c'est la discussion elle-même. Je n'hésite pas à dire qu'à peu près personne n'a songé à donner le fond de sa pensée sur les importants intérêts qu'il s'agissait de débattre et qui tiennent à l'existence même du pays. Une seule préoccupation a paru dominer tout le monde, c'est de glisser comme toujours à côté de la question véritable et de donner une satisfaction quelconque à quelque haute influence qui demande depuis longtemps que « l'on fasse quelque chose pour l'armée ».

On a fait quelque chose ! on a chargé d'un poids nouveau nos pauvres miliciens, les fils des paysans et des ouvriers. Jusqu'ici, dans la géhenne de leur service militaire ils conservaient au moins une lueur d'espérance, celle d'être libérés après avoir payé leur dette, et de redevenir un jour des citoyens comme les autres : ce lointain rayon de lumière était de trop ; on a bouché ce trou. Désormais on entrera dans le service militaire comme dans l'enfer catholique : Laissez toute espérance ! Les esclaves antiques pouvaient être affranchis ; nos miliciens, non. De quel droit ces pauvres enfants sont-ils séparés du reste de la nation, voués seuls à la caserne perpétuelle, à la prison perpétuelle ? De quel droit ?

Est-ce qu'on parle de droit et de justice à la Chambre ?

M. Frère-Orban qui avait sur la conscience son fameux projet de réserve présenté au moment où il allait quitter le pouvoir et qui, vous vous le rappelez, reçut un si bel accueil dans le pays ; M. Frère-Orban était mal placé pour combattre efficacement le projet de M. Pontus. Aussi a-t-il préféré taper sur les radicaux. C'était plus commode, d'autant plus qu'il n'y avait pas un seul radical à la Chambre pour lui répondre.

M. Frère-Orban a trouvé l'occasion bonne pour déclarer une fois de plus que, depuis son premier jour jusqu'à son dernier souffle, il a toujours combattu et combattra toujours les radicaux. Vous voyez d'ici comme cette déclaration élucidait la question militaire. Eh parbleu ! nous savons bien que M. Frère n'a jamais eu qu'une politique, celle de tourner autour de toutes les questions, de les éluder, de donner le change au pays, de refuser toute amélioration, toute réforme, toute justice sous prétexte que, si l'on fait n'importe quoi, ce sont les radicaux qui en profitent. Et M. Frère appelle cela être conservateur. A qui la faute, si, dans toutes les questions vitales, les radicaux représentent seuls aujourd'hui le bon droit, la justice, les intérêts du pays ?

M. Frère et M. Malou ont été comme ces propriétaires qui conservent précieusement toutes les vieilles ferrailles et qui laissent s'effondrer la maison. Avec des conservateurs de cette espèce, nous sommes aujourd'hui arrivés au point qu'on n'ose plus toucher à rien, accomplir aucune réforme, quelle qu'elle soit, sans craindre que toute la boutique ne s'écroule (*dat de heele boel in duigen valt*). Deux questions surtout, la question du droit électoral, la question militaire, devraient être résolues de l'accord commun de tous les partis. Dans ces deux questions surtout, nous sommes en arrière de l'Europe tout entière, avec des systèmes qui devraient être au Musée d'histoire naturelle, où M. Frère, s'il le veut, pourrait en expliquer le mécanisme aux générations prochaines comme un vestige des premiers temps de notre histoire. Et c'est sur ces deux questions que doctrinaires et cléricaux se cantonnent le plus énergiquement dans une résistance opiniâtre ! Nous ne sommes cependant pas un peuple mort-né, n'est-ce pas, et destiné à être enseveli dans ses langes ?

* *
*

Cherchons donc nous-mêmes comment résoudre ces questions. En toute matière on est radical, du moment qu'on cherche une solution. Soyons, si nous pouvons, radicaux pour la question militaire.

N'est pas radical qui veut. Et ne nous effrayons pas en cette matière, pas plus qu'en d'autres, parce qu'elle présente un certain côté technique. A la Chambre, pour n'avoir pas besoin d'exprimer une opinion propre, à peu près tous les orateurs ont invoqué chacun l'opinion d'un général, donné comme homme du métier dont l'avis devrait être par conséquent indiscutable. Mais comme chacun avait son général — M. Frère en avait jusque trois — il faut croire que les hommes du métier n'ont pas encore dit leur dernier mot.

Moi-même, lorsqu'il y a quatre ans j'ai exposé à la Chambre mes vues sur la situation militaire et les réformes à accomplir, j'ai reçu les félicitations d'un certain nombre d'officiers de l'armée, parmi lesquels un colonel. Ce n'était pas encore un général, mais il l'est peut-être devenu depuis. Messieurs, toutes les questions sociales, politiques et administratives ont un côté technique. S'il ne fallait en tout que s'en remettre aux hommes du métier, les Chambres pourraient se dissoudre et nous pourrions dire adieu au régime parlementaire.

*
* *

Le problème militaire est en lui-même très simple. Il consiste en ceci : que chaque peuple doit avoir à sa disposition une force armée capable de défendre son existence et de protéger son développement normal contre les dangers matériels qui peuvent le menacer. La force armée à constituer devra donc être essentiellement en rapport avec les conditions mêmes de l'existence de ce peuple, comme avec la nature des dangers auxquels il peut être exposé.

Si, en effet, cette force armée était organisée de telle sorte qu'elle fût elle-même un péril au lieu d'être une sauvegarde, ou qu'elle entravât le développement de ce peuple, ou qu'elle fût reconnue comme incapable de résister aux dangers éventuels, elle pourrait être techniquement irréprochable, socialement et politiquement elle ne servirait de rien ou devrait même être supprimée. C'est pour cela qu'en cette matière, il n'y a pas de principes absolus. Chaque peuple organise sa force armée d'après ses besoins et ses conditions d'existence. Les systèmes les plus dissemblables sont adoptés chez des peuples qui vivent à la même époque et sont arrivés au même degré général de civilisation.

Ainsi, l'Angleterre a une armée de volontaires. Pourquoi? Parce qu'à la fois elle est une nation industrielle et qui a des possessions nombreuses et lointaines. Avant tout, elle a à affronter la concurrence des autres nations industrielles. Elle ne veut donc pas une armée qui se recrute de façon à enlever au travail national aucun des éléments qui entendent s'y consacrer. Et en même temps, elle veut que sa force armée soit extrêmement mobilisable, pour qu'elle puisse la jeter instantanément sur n'importe quel point du globe où ses intérêts sont menacés.

Une armée de volontaires qui se destinent au métier des armes remplit ce double but essentiel. Pour d'autres nécessités éventuelles, mais qui sortent des conditions normales, telles que l'invasion ou le désordre interne, l'Angleterre organise des milices composées d'hommes non casernés et qu'on ne distrait pas de leur travail habituel. Mais l'organisation de l'armée proprement dite répond exactement aux deux caractères principaux des Anglais : d'être une nation industrielle et une puissance coloniale.

Les Etats-Unis forment également un peuple industriel. Mais n'ayant pas de colonies, ni de voisins puissants, non seulement ils n'ont pas besoin d'une armée très mobilisable, mais il n'ont même pas besoin d'armée permanente du tout. Ils se consacrent entièrement au travail, à la production. Quand il survient de très graves dangers, comme lors de la sécession du Sud, ils forment des armées temporaires, formidables, qui font la guerre sur un pied tel qu'on ne l'avait jamais vu avant eux. Mais le danger passé, les États-Unis dissolvent leurs armées, payent leurs dettes militaires et rentrent dans leurs conditions normales de peuple libre qui vit chez lui, ne menace personne et se consacre à son travail.

La Suisse, elle non plus, ne menace personne, mais elle a des voisins redoutables, puissants, qui peuvent envahir ses frontières, moins heureuse en cela que l'Angleterre et les États-Unis, protégés par la distance des mers. Aussi la Suisse a-t-elle besoin d'une armée nombreuse, mais comme elle est un peuple pacifique, qui ne songe pas à guerroyer au-delà de ses limites naturelles, elle fait de tous ses citoyens des soldats, incapables peut-être de faire de grandes guerres au dehors, mais très suffisants pour la défensive, l'unique position qu'elle ait à prendre. Elle les organise de telle sorte que l'activité nationale n'en soit pas entravée, qu'ils ne soient pas un danger pour la République, que tous les citoyens soient des soldats, mais aussi tous les soldats des citoyens.

Tout autre est le système des grandes nations continentales, l'Allemagne, la France, l'Autriche, la Russie. Ces nations-là se sont formées par les conquêtes, elles subsistent en grande partie par la force des traditions de leur passé, si bien que lorsque l'une d'entre elles laisse péricliter sa puissance militaire, elle risque elle-même d'être aussitôt conquise et démembrée. La France en a fait l'expérience en 1870. Ce sont là des nations véritablement militaires, qui sont obligées de maintenir entre elles, quoi qu'il leur en coûte un équilibre militaire jusqu'au jour — éloigné, je pense — où toutes ensemble pourront désarmer à la fois. Aussi, voyez ce qui arrive :

L'Allemagne, après les guerres du premier empire, n'ayant guère à ce moment de velléités de conquête, mais désirant seulement ne plus être envahie, avait refait son organisation militaire sur le mode défensif, c'est-à-dire en armant tous les citoyens, à l'encontre des autres systèmes des grands Etats, qui conservaient le régime napoléonien, plus mobilisable, mieux destiné à la grande guerre, semblait-il. Le régime allemand devait être comme le régime suisse, purement défensif, un régime de milices. Mais dans le sein de l'Allemagne s'élève un état conquérant, la Prusse, qui ne s'occupe plus que de transformer le système de la *lundwehr* en système offensif et mobilisable. On ne croyait pas à cela dans le reste de l'Europe ; mais quand la Prusse a fait sentir le poids de ses armées à l'Autriche d'abord, à la France ensuite, elles-mêmes ont dû adopter le système prussien. La Russie l'a fait comme elles, et voilà les quatre grandes puissances, par la menace d'une seule d'entre elles, obligées de se conformer au système personnel et obligatoire, et de faire de la majeure partie de leurs citoyens, non seulement des citoyens armés, mais des soldats de métier.

Voilà les raisons qui expliquent les conditions militaires adoptées par tous les peuples. Elles sont en rapport avec leur passé, leurs prétentions, leur situation sociale, politique, historique. Mais chez nous, quel rapport direct existe-t-il entre notre armée telle qu'elle est constituée et les conditions de notre existence comme nation?

Nous sommes un peuple industriel, commerçant, et nous enlevons chaque année au travail national des milliers de jeunes gens dont nous brisons la carrière, dont l'embrigadement jette la perturbation dans la famille et dans l'atelier, et qui deviennent pour le travail national une charge formidable sans compensation.

Nous n'avons ni colonies, ni possessions, ni esprit de conquête, ni puissance de conquête — je ne le crois pas du moins — et nous casernons nos soldats pendant des années, nous les séparons du reste de la nation, nous en faisons des soldats de métier, comme si nous voulions pouvoir les porter sur des points éloignés du globe ou jouer un rôle à côté des grandes puissances militaires du continent.

Nous avons des frontières vulnérables, toujours menacées, et la presque totalité des Belges est incapable de manier une arme et d'opposer une résistance quelconque à l'envahisseur! Notre petite armée serait peut-être fort bonne comme appoint à une grande armée conquérante qui irait porter la dévastation au loin, mais elle est par elle-même absolument insuffisante pour défendre le pays.

Nous sommes un peuple libre, et notre armée est éloignée des villes, maintenue dans un esprit exact de discipline et de soumission muette qui rend nos soldats indifférents à nos institutions, et maintenant on vient d'adopter une loi dont le résultat sera de les empêcher de rentrer jamais dans la vie civile, de façon à en faire un peuple à part au milieu de notre peuple, une force définitivement étrangère au reste de la nation, sacrifiée par elle sans pitié et qui peut-être demain, elle aussi, nous sera hostile sans pitié.

Nous serions un peuple conquis, dont le territoire serait occupé par une armée ennemie, qu'on n'agirait pas autrement : tout le peuple désarmé devant une armée séparée de lui et maintenue dans un état d'hostilité sourde !

A quoi tient ce régime militaire? Y a-t-il des plans inconnus? des buts inavoués auxquels notre armée devrait servir? Pourquoi cette séparation définitive d'avec la nation, qui vient d'être accomplie? A quelle vue secrète, à quelle pensée machiavélique a-t-on peut-être obéi! Messieurs, je n'ose y songer, ce serait monstrueux.

Peu importe, au surplus, ce qu'on a voulu — les

choses ont en elles-mêmes leur logique et l'on n'y échappe pas.

Qu'est-ce que notre système militaire? Mais c'est le système impérial, celui qu'avait créé Napoléon Ier et qui servait et servait exactement aux plans de cet empereur. Il voulait une armée qu'il pût lancer à tout moment contre l'Europe, lui le Conquérant, mais qui pût aussi bien lui servir contre la France, à lui le despote, l'homme du 18 brumaire. Instrument de conquête, instrument de despotisme ! Voilà l'instrument que créait Napoléon Ier.

Mais comme instrument de despotisme, je ne veux pas croire que jamais quelqu'un en ait besoin en Belgique; comme instrument de conquête même, le système napoléonien est démodé, désormais impossible; depuis que le régime personnel et obligatoire a été adopté par les grandes nations militaires, le vieux régime napoléonien est désormais sans force, sans prestige, sans efficacité. Et cependant nous le conservons, nous, un peuple libre, industriel, sans esprit de conquête, un peuple pacifique, nous conservons ce régime qui ne répond plus à rien, ni chez nous, ni même chez les autres. Véritablement, c'est de l'aberration !

M. Woeste disait avant-hier à la Chambre: « il n'y a

que deux systèmes d'armée, ou bien le nôtre, ou bien l'armement général et le système des milices. Mais dans la guerre moderne, les milices sont insuffisantes, leur instruction militaire n'est pas assez complète. Pour rendre sérieux l'armement général, on arrive logiquement au service obligatoire pour tous pendant des années, à la prussienne, ce qui ne ferait qu'étendre à tout le monde les charges déjà reconnues écrasantes pour ceux qui aujourd'hui y sont soumis. »

Donc, ou bien notre système, ou bien logiquement le système prussien, le problème est bien là et je ne le méconnais nullement. Oui, la justice, l'intérêt d'un peuple industriel, commerçant, pacifique et libre, mais menacé comme le nôtre, c'est que tous les citoyens soient armés et qu'en même temps le travail national ne soit pas interrompu : le système des milices répond à cette nécessité. Seulement, je reconnais que les milices ainsi formées, doivent répondre aux conditions de la guerre moderne, former de vrais soldats, n'être pas une foule présentant l'apparence d'une armée, mais non sa solidité et sa rude résistance.

Cela est incontestable. Mais faut-il nécessairement, si l'on arme tous les citoyens, qu'on les soumette tous au régime prussien, au service personnel obligatoire prolongé? N'y a-t-il pas d'autre moyen de garder les milices, tout en leur donnant la science, la solidité, la résistance militaire dont elles ont besoin? Je pense que si, messieurs, et c'est le problème ainsi posé qui doit être résolu, si nous voulons échapper à la fois à la conscription et au régime prussien, et avoir cependant une armée qui réponde à toutes les exigences.

Messieurs, une armée n'est pas un corps compacte homogène, uniforme, dont toutes les parties soient semblables les unes aux autres. Une armée est un tout, un corps composé d'organes divers, et chacun de ces organes a sa fonction diverse, ses aptitudes particulières, sa destination propre. On peut distinguer dans une armée moderne six grands organes différents : l'infanterie, la cavalerie, l'artillerie de siège, l'artillerie de campagne, le génie et l'administration. Quel est le caractère de chacune de ces parties? Est-ce que les hommes qui les composent doivent tous avoir la même instruction militaire, la même habitude des armes, la même application constante? Je ne le crois pas.

Il est clair que, pour former de bons artilleurs de campagne, pour former le génie, l'administration, et je veux même ajouter la cavalerie, il faut des dispositions spéciales, un exercice prolongé ou des études particulières. Pour tous ces services il faut des soldats de métier, des hommes qui ne fassent pas autre chose, qui se consacrent à cette besogne et n'en changent pas. C'est donc là, dans une armée, à proprement dire, le côté de la science, de la spécialité, du métier et de la profession. Mais en est-il de même pour l'infanterie ou pour l'artillerie de siège ? Incontestablement non. Ici l'instruction, l'application sont beaucoup moindres.

Pour être un bon soldat d'infanterie, il faut savoir marcher et manier le fusil ; pour être un artilleur de siège, manier le canon. Mais dans les guerres défensives, comme devraient être la nôtre, c'est même derrière des forteresses ou des retranchements que doit manœuvrer l'infanterie ou l'artillerie de siège. Ce qui importe dans ces deux armes, ce n'est pas l'instruction surtout et des aptitudes spéciales, c'est le nombre. Une infanterie, une artillerie de siège — surtout lorsqu'il y a des ouvrages comme ceux d'Anvers — sans le grand nombre, sont comme si elles n'existaient pas.

Donc, d'un côté surtout la science — de l'autre surtout le nombre.

Mais les services qui réclament la science sont relativement restreints, ils ont besoin de peu d'hommes, mais d'hommes de métier et d'hommes exercés. Ne croyez-vous pas que, pour l'artillerie de campagne, le génie, la cavalerie et l'admistration, on trouverait ce qu'il faut si l'on voulait seulement s'adresser au volontariat ? Si c'est une profession qu'il faut choisir, eh bien ! qu'on la choisisse volontairement comme toutes les autres professions.

Beaucoup d'hommes aiment la carrière militaire. Qu'on les appelle, mais qu'on les paye sérieusement, de façon à leur rendre cette carrière aussi profitable qu'une autre, et ils abonderont ; on pourra être difficile. A-t-on besoin de conscription pour former des maçons. des charpentiers, des mineurs ? Non. Alors pourquoi la faudrait-il pour l'état militaire, si la carrière est bonne ? Et ici on pourrait bien payer, parce que le nombre de ceux qu'il faudrait payer est restreint.

Ici, on peut nourrir, loger, exercer le soldat pendant des années, et pendant toutes celles qui seront nécessaires.

* *
*

Mais qui me dira qu'il faut des années pour former un soldat d'infanterie, un artilleur de siège ? Qui me dira que ces hommes doivent être casernés, enfermés pendant des années, logés et nourris aux frais de la nation, pour leur apprendre à manier un fusil ou à manier un canon ?

Nos braves ouvriers, nos paysans, manient trop bien chaque jour d'autres engins et d'autres poids

pour ne pas apprendre le maniement d'un fusil
ou d'un canon en quelques heures par semaine.
Pourquoi donc ne pas les laisser vivre de leur travail, loger chez eux, dans leur famille? Ce qui leur
répugne, ce n'est pas le service militaire, ce ne sont
pas les exercices du corps.

Dans notre pays, les ouvriers, les paysans, le
dimanche, se distraient de leurs rudes labeurs en
s'amusant à de nouveaux exercices corporels. Ils son
agiles, forts, énergiques. Il n'est pas besoin de les
dresser à l'activité physique; ils l'aiment et la pra-
tiquent. Mais ce qu'ils ne veulent pas, ce qui leur
répugne, c'est le casernement. En Allemagne, les fils
de paysans pauvres, dans les pays désolés et misé-
rables comme la Poméranie ou d'autres provinces,
aspirent à l'état militaire qui au moins leur permettra
de manger tous les jours. Leur indépendance personnelle leur importe peu.

Chez nous, le paysan et l'ouvrier veulent vivre
de leur travail. Ils préfèrent un morceau de pain
dans leur mansarde ou leur chaumière à la ration
abondante des casernes et à la gamelle. C'est pour
cela que nous sommes un peuple libre.

Mais puisqu'à l'âge où vous les prenez, généralement ils vivent de leur travail, que même ils
soutiennent d'ordinaire leur famille, qu'ils ne
demandent qu'à poursuivre leur carrière, qu'ils sont

devenus utiles dans leur atelier, leur usine, leur champ, n'est-ce pas une insanité que d'aller loger aux frais de l'État ceux qui sont logés chez eux, nourrir aux frais de l'État ceux qui se nourrissent eux-mêmes, et cela pour leur apprendre seulement à manier un fusil et un canon, dont on pourrait leur enseigner fort bien le maniement, tout en les laissant rester utiles à eux-mêmes, aux leurs et à la nation tout entière ?

Nous avons un excellent corps d'officiers dans toutes les armes. Il doit rester ce qu'il est, même être complété : le corps des officiers est permanent, il ne peut y être touché — de même pour les sous-officiers.

Nous devons avoir un armement parfait, qui réalise tous les progrès de la science militaire.

Mais pour les hommes, si l'artillerie de campagne, le génie, la cavalerie et l'administration exigent l'instruction assidue, si ces armes spéciales doivent conserver tous les caractères de l'armée vraiment permanente, en revanche l'infanterie et l'artillerie de siège peuvent être parfaitement organisés sur le pied de la milice, de l'instruction temporaire, qui n'interrompera pas le travail habituel, et sans casernement.

Dans les grandes manœuvres, nos soldats logent chez l'habitant. Eh bien, toute l'année, ceux qui n'appartiennent pas aux armes spéciales ou à la cavalerie logeront chez eux et travailleront avec les leurs. Or, toute la grande dépense est là, toute la répugnance de nos populations est là. Les volontaires se soumettront dans les armes spéciales au régime qu'ils connaîtront à l'avance. Mais supprimez le casernement pour les autres, et tous nos concitoyens de grand cœur seront soldats. Et des soldats qui sauront faire leur devoir, si seulement on a confiance en eux.

Mais aujourd'hui, sous prétexte de leur inculquer la discipline militaire, on leur ôte précisément ce qui est leur force, l'esprit de liberté, l'énergie morale. Et qu'est-ce qu'une armée sans force morale ? En tout temps, milices ou non, ceux qui avaient cette force ont été vainqueurs.

Malheureusement, ce n'est pas la force morale qui est excessive dans notre armée. Consultez officiers et soldats : tous sont d'avis qu'ils seraient insuffisants pour nous défendre. Une armée qui a une pareille opinion d'elle même est vaincue d'avance. Et, au lieu de lui ajouter des éléments jeunes et nouveaux, on l'a reconstituée avec ses propres éléments anciens, pénétrés du même esprit de défiance ! Dans toute la discussion des Chambres, pour expliquer le rappel des miliciens, nous avons entendu sur tous les tons faire l'éloge des vieilles armées, invincibles celles-ci, par opposition, dit-on, avec les jeunes armées qui ne tiennent pas.

Mais consultez donc l'histoire! Ce sont toujours les vieilles armées qui ont été vaincues.

A qui avaient affaire les soldats de la première République française, sinon à toutes les vieilles armées de l'Europe? Qu'est-ce que l'armée allemande qui a battu l'Autriche et la France, sinon une jeune armée qui n'avait jamais vu le feu, tandis que les armées autrichienne et française avaient guerroyé partout, en Italie, en Crimée, au Mexique, en Algérie?

Et au siècle dernier, qui remportait les victoires, sinon les peuples jeunes, la Russie, la Suède, la Prusse? Pourquoi? Parce qui'ls avaient l'ambition, le génie, la force d'expansion, la force morale, en un mot. Remontez de siècle en siècle. Il en est toujours ainsi. La France de Louis XIV était un peuple jeune, sorti des troubles de la Fronde et de la Ligue, sous un jeune roi, en présence de l'Espagne et de l'Autriche décrépites. Toujours ce qui est fort et jeune triomphe, parce que la puissance morale, le génie de la liberté et l'avenir sont là.

Nous mêmes, nous sommes un peuple jeune, mais courbé sous de vieilles lois, dirigé par des hommes sans énergie, sans confiance en nous-mêmes, en eux-mêmes ni dans l'avenir. Qu'est-ce que cette organisation militaire que nous avons, sinon les restes d'un régime despotique créé en défiance de la nation et destiné plutôt à contenir et à refréner les populations qu'à leur servir de sauvegarde et de soutien ?

Mais n'est-ce pas en toutes choses la politique décrépite du premier empire qu'on cherche encore à nous appliquer ? N'est-ce pas là l'idéal de nos doctrinaires, qui en sont encore à Royer-Collard et à Casimir Périer, ces Napoléons civils dont M. Frère-Orban, en 1886, rêve encore d'imiter l'exemple ?

L'Europe entière a rompu ses vieux liens, excepté nous, le peuple le plus jeune de l'Europe, et ce sont ceux que l'on appelle nos hommes d'État, les Frère-Orban, les Malou, qui tremblent à l'idée que nous pourrions nous soustraire à ce régime, essayer de vivre de notre vie propre.

Et pourtant là où l'épreuve en a été tentée, nous sommes-nous montrés si incapables ? Nous n'avons vraiment exercé notre liberté, notre puissance d'expansion qu'en matière économique. Eh bien ! notre activité n'y a-t-elle pas réussi à faire des conquêtes et des conquêtes sérieuses ? En cinquante ans nous avons conquis en Europe, au point de vue des échanges, de l'importation et de l'exportation, la quatrième place parmi les grandes nations !

N'est-ce pas là une preuve merveilleuse de notre

vitalité, et pense-t-on que l'énergie, le courage, ne soient pas une même chose en matière militaire, comme en matière économique, comme en toute matière? Il faut seulement secouer cette peur, cette crainte, que des hommes d'État sans grandeur nous ont inoculées. Là où nous avons pu essayer notre force, nous ne sommes pas peureux.

Malgré l'Europe tout entière qui se hérisse de barrières protectionnistes, malgré l'Angleterre même qui a été sur le point de céder, nous sommes aujourd'hui le seul peuple de l'Europe hardiment, fièrement, énergiquement libre-échangiste, c'est-à-dire qu'en matière économique, nous acceptons la bataille ouverte avec l'univers tout entier, malgré la crise que nous traversons et qui devrait faire hésiter notre courage.

Eh bien, si en matière économique nous montrons cette vaillance, pensez-vous que nous ne la montrerions pas aussi bien les armes à la main? que nous ne saurions pas défendre notre territoire et nos libertés, comme nous défendons nos produits et notre travail! que notre peuple hésiterait, qu'il reculerait, qu'il fuirait! Allons donc! Ce sont des hommes sans cœur qui l'imaginent!

Si quelque part au monde il y a une nation qui puisse être une nation armée, c'est nous. Qu'on n'aie pas peur de notre peuple. Qu'on lui donne des armes, qu'on l'exerce, qu'il connaisse sa force, son courage, l'héroïsme qui est en lui, et que par un abominable système on étouffe depuis cinquante ans, pour plus facilement nous émasculer, et nous conduire.

Que l'on s'arrête dans cette voie, que l'on craigne déjà d'avoir trop réussi !

LA QUESTION MILITAIRE

Discours prononcé à la Chambre des Représentants le 9 février 1883.

Messieurs, nous avons entendu hier l'honorable
ministre de la guerre faire le panégyrique de l'armée
et de l'administration militaire. Je n'ai pas l'intention
de venir contredire aux éloges que l'honorable ministre a adressés à l'administra·on et à l'armée.

Je crois que d'une façon générale ces éloges son
mérités. Mais la question que nous avons à examiner
ici n'est pas seulement, me semble-t-il, de savoir si
l'administration et l'armée, telles qu'elles sont, font
ce qu'elles peuvent et ce qu'elles doivent : nous
avons à rechercher surtout si l'organisation même
de nos forces militaires est en rapport avec les exigences de la situation. L'armée fût-elle composée de
héros, l'administration fût-elle parfaite, si notre organisme militaire ne correspond pas au milieu dans
lequel il doit agir et aux nécessités auxquelles il doit

pourvoir, ses meilleures qualités nous serviront à peu de chose.

Eh bien, je crois que cette organisation n'est pas ce qu'elle devrait être; je la considère comme étant à la fois surannée, insuffisante et injuste. Et je tiens à déclarer, en commençant mon discours, que je voterai contre le budget de la guerre, parce qu'à mon avis c'est seulement en votant contre le budget tout entier que nous pouvons amener la Chambre à discuter également l'organisation tout entière de nos forces armées.

Messieurs, ce qui existe actuellement soulève les critiques, j'ose le dire, de tout le monde. Et je ne connais en Belgique qu'une seule personne qui soit pleinement satisfaite, c'est l'honorable ministre de la guerre. (*Rires*). Tout d'abord combien virulentes pour ne pas dire combien violentes ne sont pas les attaques des militaires eux-mêmes!

N'osent-ils pas déclarer dans leurs journaux, dans leurs conversations privées, partout où leur opinion se manifeste, qu'avoir une armée comme la nôtre ou ne pas en avoir, c'est à peu près la même chose?

Il faut que ce sentiment chez eux soit bien vif, car ce sont là des sentiments qui ne se font pas jour facilement dans les armées. Les armées savent qu'elles ont besoin non seulement de leur force matérielle, mais encore de leur force morale, et quand une armée affirme qu'elle n'est pas en état de répondre à ce que le pays attend d'elle, il y a là une cause d'affaiblissement qui est presque un danger et dont nous avons à tenir compte.

Et, en effet, il ne faut pas être militaire pour reconnaître que notre organisation est insuffisante. Notre système de défense repose sur Anvers ; eh bien ; nous n'avons pas même de quoi pourvoir à la défense d'Anvers, conformément au plan conçu il y a quinze ans. Depuis lors, la ligne a été étendue, elle doit s'étendre encore ; de nouveaux forts ont été construits, d'autres vont l'être, et la disproportion entre notre personnel militaire et les ouvrages existants à défendre devient plus forte de jour en jour. On nous a promis une réserve nationale de 30,000 hommes, mais la réserve n'est pas créée et déjà les plans du génie militaire approuvés et en voie d'exécution dépassent les limites auxquelles pourraient suffire la réserve et l'armée actuelle réunies.

Et maintenant des sommités militaires sont d'avis qu'Anvers et la ligne du Rupel elle-même ne suffisent plus ; ils appellent notre attention vers la Meuse. Éventuellement il y a là de certains travaux à faire, et des forces dont il faudra pouvoir disposer pour les défendre.

Lorsque Anvers a été fortifié, nous avions les yeux tournés d'un seul côté ! Aujourd'hui, c'est des deux côtés que le danger peut venir. Peut-on dire que les militaires ont tort lorsqu'ils font appel à notre patriotisme pour mettre nos force militaires en rapport avec les éventualités qu'il faut prévoir?

Le peuple n'est pas plus satisfait que les militaires. Le peuple trouve que l'organisation actuelle est lourde, injuste, qu'elle enlève l'ouvrier à son travail au moment même où il commence à faire sa carrière, où il commence à connaître sa profession. C'est alors qu'on vient détruire tout à coup l'économie de son existence, l'arracher à sa famille qu'il allait récompenser de longs et pénibles sacrifices. Quelle douleur dans les familles pauvres, quelle ruine quand le fils tombe au sort !

Et d'autres sont exemps, plus riches et qui pourraient donner leur temps précisément sans de si grandes pertes. Et ce n'est pas seulement l'individu qui souffre, l'industrie est atteinte. A propos d'une question économique, l'honorable M. De Bruyn disait, il y a quelques jours, que c'était pour notre industrie belge une grande cause d'infériorité que l'incorporation de nos ouvriers industriels et le brusque arrêt de développement de leurs aptitudes industrielles par le temps passé sous les armes, alors que d'autres pays, notamment l'Angleterre, n'ont pas cette charge. C'est une des causes qui rendent l'ouvrier-fait en Angleterre si incontestablement supérieur aux nôtres.

Le peuple a donc raison, lui aussi, de se plaindre. Il n'y a pas de charge plus lourde pour le peuple que notre organisation militaire. Elle vient détruire presque pour lui tous les avantages de notre état social.

A côté du peuple, à côté des militaires, est-ce que la bourgeoisie, est-ce que les contribuables ne se plaignent pas? Qui oserait le prétendre? Ils voient chaque année 40 à 45 millions et davantage, si l'on voulait bien calculer, jetés au gouffre militaire et ils n'ont pas même le sentiment que ces 45 millions suffisent à la défense réelle, efficace du pays.

La bourgeoisie, en effet, ne se contente pas de ce qui suffirait peut-être aux soldats, c'est-à-dire de quelque démonstration héroïque qui sauverait l'honneur du drapeau et pourrait permettre à des hommes d'honneur de se consoler par la conviction qu'ils auraient fait leur devoir jusqu'au bout et que les circonstances auraient été les plus fortes.

La bourgeoisie, les contribuables veulent une protection efficace de nos richesses nationales; il faut sauver l'honneur, mais en même temps le pays.

Or, grâce au système actuel de concentration sur le seul Anvers, nos richesses nationales sont au premier occupant. Elles restent, on peut le dire, comme au milieu du grand chemin. Mais ce ne serait rien encore si la bourgeoisie était certaine que le système adopté peut être suivi au moins jusqu'au bout et donner des résultats certains. Mais, dit-elle avec raison : on nous fait payer une armée coûteuse et cette armée est insuffisante : on nous soumet nous-mêmes par la garde civique aux exercices militaires et toutes nos peines n'auront servi de rien, puisque la bourgeoisie armée ne doit pas avoir de rôle sérieux à remplir. Dépense inutile d'argent et de temps !

Messieurs, tout le monde est mécontent, tout le monde a raison de l'être, mais, il faut l'avouer, la situation est difficile, elle est complexe, et je suis le premier à ne vouloir nier aucune des difficultés qui nous entourent. Il est évident que lorsqu'une situation est telle que tout le monde en est mécontent, et que cependant elle subsiste, il faut qu'il y ait des obstacles graves à résoudre.

Il suffit, en effet, d'un seul coup d'œil, pour reconnaître qu'il n'y a peut-être aucun pays au monde où la question militaire soit plus compliquée que chez nous, et en quelques mots nous pouvons nous en rendre compte.

Il y a dans notre situation une contradiction effrayante qui est celle-ci : nous sommes un peuple

industriel ; nous avons, par conséquent, à soutenir
la concurrence avec d'autres peuples industriels.

Dans ces conditions, il est évident que nous ne
pouvons pas prendre sur nous des charges qui sont
en disproportion avec celles que ces peuples assu-
ment eux-mêmes.

Or, ces peuples, qui sont nos rivaux, ont chez eux
le régime qui convient aux nations industrielles,
c'est-à-dire le moins d'armée possible, où dans tous
les cas une armée organisée de telle sorte qu'elle ne
gêne absolument en rien le développement économique du pays.

Ainsi, en Angleterre et aux États-Unis, — chez
ces peuples industriels au même titre que le nôtre,
— la libre production, le fonctionnement des forces
vives du pays ne sont point entravées par l'organisation militaire et peuvent agir avec le maximum de
leur intensité.

Pour soutenir avec eux la concurrence il faudrait
donc que nous-mêmes nous n'eussions à supporter
des charges militaires qu'en proportion de ce qu'ont
à supporter nos rivaux.

Donc, au point de vue économique, au point de
vue industriel, le moins d'armée posssible ; c'est incontestable. Mais, d'autre part, les peuples industriels avec lesquel nous avons à lutter ont sur nous
cet avantage immense de posséder des frontières

naturelles ; ils ont autour d'eux la mer et l'Océan, tandis que nous, stratégiquement et politiquement, nous sommes dans la plus épouvantable situation qui se puisse imaginer.

Nous sommes le point le plus vulnérable de l'Europe ; nous n'avons pas de frontières naturelles ; nous sommes entourés des deux peuples les plus militaires et les plus guerriers, qui précisément en ce moment, — on peut bien le dire, — ne se regardent pas d'un œil bien tendre. Et nous sommes un peuple petit, riche, travailleur, libre, n'ayant par nature ni les gouts, ni les mœurs militaires. En conséquence, danger permanent, indéniable, chez nous et autour de nous.

Si donc, au point de vue économique, nous devrions avoir le moins d'armée possible, — au point de vue politique, stratégique et social, nous avons à organiser la défense la plus complète en tirant tout le parti possible de l'énergie, de la virilité de notre peuple, en tenant compte de ce qu'il peut donner, de ce qu'il veut donner.

Voilà, messieurs, la contradiction fondamentale où nous nous trouvons ; et cette contradiction s'aggrave chaque jour parce que chaque jour la concurrence devient plus pressante ; et en même temps, chaque jour, le danger devient plus grand.

Comment remédier efficacement à un pareil état

de choses? Esquiver la question n'est pas possible. Il s'agit de la résoudre quand elle ne s'impose encore que moralement, car, le jour où elle s'imposerait matériellement, il serait trop tard. Quelle responsabilité n'aurions-nous pas encourue! Messieurs, il faut prendre une décision, il faut mettre nos résolutions à la hauteur de notre patriotisme.

Mais quelle résolution prendre? Il n'y en a que deux qui soient possibles : ou bien supprimer l'armée; ou bien avoir une armée suffisante, qui soit ce qu'elle doit être, sur laquelle on puisse absolument compter, quelque situation qui se présente.

Pas d'armée du tout? Je ne sais si dans cette Chambre quelqu'un pourrait encore soutenir aujourd'hui cette idée. Pour moi je déclare que je ne le ferai pas, que je n'oserais point le faire. Il y a 40 ans, peut-être même il y a 20 ans, quand l'équilibre européen était stable ou à peu près, il était possible de considérer la Belgique comme pouvant au besoin se passer d'armée. En ce temps-là les grands peuples qui nous entourent se faisant contrepoids les uns aux autres, notre existence en somme était assurée par l'équilibre universel. Mais, il faut bien le dire, cette situation n'existe plus. L'équilibre n'est plus stable. De grands événements se sont produits; il s'est formé auprès de nous des forces immenses dont on n'avait pas l'idée il y a vingt ans, et qui, si elles étaient mises en mouvement, exigeraient chez nous la possibilité de disposer des forces proportionnelles, — à moins de s'abandonner tout à fait, ce à quoi personne, je pense, ne consentirait.

Eh bien, ces éventualités-là doivent être prévues et c'est en les envisageant que j'ose dire qu'il est impossible aujourd'hui de songer un moment à nous passer d'armée en Belgique. Il faut donc une armée efficace, complète, une armée qui puisse faire entièrement son devoir. Mais pour avoir cette armée suffisante, à quel chiffre d'hommes devrions-nous aller? Je crois ne pas être en désaccord avec ce que pensent les militaires les plus modérés, en affirmant que nous ne pouvons pas nous tirer d'affaire à moins de 300,000 hommes. (*Bruit.*)

Vous avez été bienveillants, messieurs, pour moi depuis le commencement de mon discours, je vous remercie profondément de l'attention que vous avez bien voulu m'accorder et je vous en suis reconnaissant, mais, je vous en prie, que votre attention ne se lasse pas encore. Tout le monde ne veut pas toujours dire, en ces choses, toute sa pensée, toute la vérité. Pour moi, je le veux; mais je suis d'avis également que lorsqu'on touche à ces sortes de questions, on n'a pas le droit de les soulever sans avoir réfléchi à la solution qu'elles doivent recevoir, sans

avoir la conviction profonde qu'on a trouvé cette solution et qu'on l'apporte.

Je dis donc, messieurs, qu'à mon avis, et d'après
l'opinion même de l'armée, il nous faudrait en Belgique 300,000 hommes, et j'ajoute que ces 300,000
hommes il est possible de les avoir, sans dépasser
nos ressources, sans entraver le travail national,
sans même grever le budget plus qu'il ne l'est aujourd'hui.

Comment arriver, messieurs, à ce résultat nécessaire?

Je sais bien que les militaristes purs trouvent la
question très simple. Ils nous disent : Faites un
bout de loi, organisez le service obligatoire universel, incorporez, casernez le nombre d'hommes dont
vous avez besoin, faites-les travailler le temps nécessaire; vous n'avez qu'à faire acte d'autorité et
l'armée nécessaire sera bientôt prête.

Une solution pareille est trop simple, à mon avis.
Dans un état social et politique ausssi complexe que
le nôtre, on ne peut pas procéder avec cette simpli-
cité, et les solutions les plus simples y sont presque
toujours les plus mauvaises, parce qu'elles ne tiennent pas compte des multiples conditions qu'il
s'agit de rencontrer.

Il ne suffit pas seulement d'un bout de loi; étendre le système actuel de l'incorporation et du caser-

nement à une masse d'hommes aussi grande, par le service presque universel, dépasserait absolument nos ressources, nos ressources budgétaires aussi bien que les forces de la nation. Notre budget de la guerre monterait peut-être de 45,000,000 à 80 millions ou 100,000,000. Impossible de songer à imposer à un pays industriel comme le nôtre, un budget de la guerre aussi important; et alors qu'on aurait besoin de demander au pays des charges si écrasantes, on tarirait en même temps les sources de l'impôt en jetant la perturbation dans l'industrie et le travail national auxquels on enlèverait dans des proportions pareilles leurs éléments les plus vigoureux et les plus utiles.

Aujourd'hui déjà, notre organisation militaire pèse d'une façon terrible sur le travail national; que serait-ce s'il fallait en aggraver les charges? Ce serait la ruine; et comment préconiser un système de protection et de défense qui commencerait par ruiner celui qu'il faudrait protéger et défendre!

Il faut assurer avant tout le développement fécond, normal du pays, et nous commencerions par en arrêter l'expansion sous prétexte de le sauvegarder!

Le service obligatoire, tel qu'il est compris d'après le système actuel avec incorporation, casernement, cessation du travail habituel pour être absorbé complètement pendant un temps plus ou moins long par les exercices militaires, un pareil service ne peut être généralisé, universalisé dans notre pays.

Par un sentiment de justice, on a beau vouloir que tous, sans distinction, supportent également la charge militaire qui frappe aujourd'hui un nombre limité de citoyens, mais comment tous la supporteraient-ils, alors que le petit nombre la trouve déjà insupportable ? Il faut chercher à soulager ceux qui, maintenant, succombent sous le faix et non leur donner cette consolation illusoire d'écraser auprès d'eux ceux qui sont exempts aujourd'hui.

Cependant, si nous avons besoins de 300 000 hommes, il ne peut pas être question non plus de n'avoir que le nombre sans l'instruction militaire. Il nous faut non pas seulement des hommes armés, il nous faut des soldats instruits, solides, capables de remplir leur devoir, et tout leur devoir.

Car si aujourd'hui une petite armée bien organisée, bien outillée, ne peut plus suffire, nous ne pourrions nous contenter davantage de milices, de corps sans consistance et sans savoir. Il n'y a de bon soldat que celui qui connaît son métier. Les armées actuelles n'exigent pas le nombre seulement, mais la science.

Messieurs, je ne connais rien à la technique militaire, je n'ai sur les questions militaires que des idées un peu recueillies au hasard et d'après les livres qui me sont tombés sous la main, mais je dois dire que parmi ces productions il y en a telles qui m'ont frappé, et notamment les travaux de l'état-major allemand sur la guerre de 1870 et certains discours de M. de Bismarck sur les armées régionales. C'est là que j'ai trouvé des indications que j'ai essayé d'approprier aux nécessités de notre situation belge. Au moins l'autorité n'en peut pas être contestée. Et moi-même ici je n'ai la prétention de donner que des indications.

Mais comment voudriez-vous qu'une pareille question fût résolue si on laissait les militaires seuls s'en occuper? Que serait un système militaire qui ne serait pas en rapport étroit avec les nécessités économiques et politiques? Puis autre chose est la technique, autre chose les principes d'une organisation générale de l'armée. Puisque c'est à nous, d'après les lois du pays, de résoudre le problème, c'est à nous de l'étudier et d'apporter sans fausse honte les lumières que nous pouvons avoir. Je ne veux pas faire autre chose que d'appeler votre attention sur quelques points où peut-être se trouve en germe, tout au moins pour partie, la solution du grave problème qui nous est soumis.

Messieurs, lorsque l'on considère une armée moderne, telle qu'elle est constituée aujourd'hui, il y

y faut, comme je le disais tantôt, deux éléments :
le nombre et la science : la force numérique, et
cette autre force qui résulte d'un outillage parfait,
d'une direction savante, d'un emploi judicieux et
habile des engins compliqués, terribles, coûteux
que met en œuvre la guerre de notre temps.

Mais la force numérique et la force technique ne
sont pas représentées au même degré dans toutes
les parties d'une armée. L'infanterie a surtout besoin
du nombre, les corps spéciaux de la science. L'infanterie et je dirai même l'artillerie de siège et la
cavalerie, ont besoin d'hommes vigoureux, intelli-
gents, mais tous, au bout de peu de temps, peuvent
suffire à la besogne. Les corps spéciaux proprement
dits, au contraire, ont besoin d'une instruction spéciale approfondie, je dirai professionnelle ; j'appelle
corps spéciaux proprement dits l'artillerie de campagne, le génie, l'intendance.

Que doit faire le fantassin, que doit-il connaître ?
Il doit savoir manier son fusil et son propre corps,
il doit être agile, résistant, dur à la fatigue et en
même temps savoir manier son arme dont l'usage
peut être enseigné sans éducation préparatoire et
particulière. Or je vous le demande, messieurs, alors
que les travaux des champs et les travaux manuels
presque tous développent naturellement la vigueur
et l'habileté, pourquoi arracher des hommes à la

besogne qui les fait vivre, qui ne coûte rien à l'État, et au contraire lui rapporte par la production et par l'impôt, pour les enfermer dans les casernes, les nourrir aux frais du trésor, et cela uniquement en vue de leur enseigner des choses qu'ils peuvent apprendre fort bien sans interrompre un seul jour leur travail habituel? Et pour nos bourgeois, pourquoi ne pas les ca. erner ceux-là, pourquoi reconnaître qu'ils peuvent apprendre les exercices du fantassin ou de l'artilleur de siège sans avoir besoin d'abandonner leurs travaux, pourquoi les réunir en gardes civiques, pourquoi leur fournir des armes, mais en même temps leur donner des armes si mauvaises et une instruction si incomplète, que c'est en réalité comme si on ne faisait rien et comme si cette instruction militaire des bourgeois n'existait pas?

Et cependant, il est certain que lorsqu'on veut se donner la peine d'armer sérieusement et d'instruire militairement nos bourgeois, ils marchent admirablement, ils sont plein d'entrain et de vigueur; voyez les corps spéciaux formés par le général Renard! et d'autre part, il est certain également que nos populations travailleuses des campagnes et des villes qui répugnent si fort aujourd'hui au service militaire, sont admirablement douées pour les exercices corporels; que ces populations sont vaillantes, habiles.

Comment se délassent nos ouvriers et nos paysans des rudes travaux, de toute une semaine? Par des exercices corporels, des jeux de dimanche qui exigent tous la souplesse et la vigueur et dont la plupart demandent plus d'habileté et de présence d'esprit qu'il n'en faut même pour le maniement du fusil. Voilà donc d'excellents soldats par nature qui vont aux exercices par goût. Mais savez-vous ce qui leur répugne dans le service militaire? C'est la caserne et c'est la gamelle.

Mais si la caserne répugne à nos Belges, si, d'autre part, il est certain qu'on peut leur donner l'instruction militaire du fantassin sans les enlever à leurs travaux, si, de cette façon précisément, les deux plus grandes dépenses de l'armée, la nourriture et le logement de l'infanterie, viennent à dispanaître, pourquoi maintenir le système actuel? Je vous le demande encore : faut-il réellement enfermer un homme pendant des mois et des années pour lui apprendre à manier un fusil et supporter une fatigue, alors que nos ouvriers et nos paysans supportent sans se plaindre toutes les fatigues; alors que nos gamins des écoles apprennent la gymnastique et l'exercice militaire sans se distraire plus d'une heure par jour de leurs études ?

Et ce qui est vrai dans l'infanterie en général, l'est encore bien plus pour celle qui doit servir en Belgique.

En effet, au soldat qui doit se rendre à de grandes

distances, qui doit faire des expéditions lointaines, on peut demander à la rigueur des qualités exceptionnelles. Mais notre infanterie belge n'est destinée à défendre que des places, à manœuvrer que dans un petit pays; elle n'a pas même à bivaquer et la preuve c'est que lors des dernières manœuvres militaires on a supprimé le bivac parce qu'on a pensé que n'ayant pas à sortir du pays le soldat pourrait toujours loger chez l'habitant.

Eh bien, messieurs, si vous étiez d'avis avec moi qu'avec nos ouvriers, nos paysans et nos bourgeois, nous pouvons former une infanterie excellente, appropriée à la défense des places et des ouvrages, sans avoir besoin de l'incorporation et du casernement, ne pensez-vous pas que le régime de la garde civique, sérieusement appliqué, avec des armes en bon état, des officiers instructeurs, suffisants, une discipline plus étroite et plus sévère, qui ne ferait que développer les habitudes d'ordre et la virilité, ne pensez-vous pas que le régime de la garde civique pourrait suffire? Ce serait créer le service obligatoire sans doute, mais qui n'entraverait pas le travail habituel, ne jetterait aucun trouble dans la production nationale et ne coûterait rien au trésor pour cette partie la plus nombreuse ce l'armée.

Et qu'on n'objecte pas qu'aujourd'hui même, la garde civique, sans exigence exagérée de discipline, marche déjà si difficilement.

Si la garde civique n'est pas contente, c'est qu'on ne la traite pas toujours avec la déférence que mérite l'institution. C'est qu'on ne lui donne pas ce qu'elle même demande pour s'instruire mieux et se perfectionner.

Le jour où elle sera mieux organisée, où elle pourra servir utilement à la défense nationale, vous retrouverez chez elle le patriotisme et la fermeté qui ne lui ont jamais fait défaut quand on a fait appel à son courage dans des circonstances graves. Nos populations sont vaillantes, elles sont énergiques, mais elles ont besoin d'avoir devant elles un but qui soit digne de leurs efforts. Confiez-leur la défense même du pays et leur cœur sera à la hauteur de leur devoir. Du reste, s'il se trouvait des récalcitrants, la loi serait là pour les contraindre.

Pour les exigences de l'infanterie, le régime de la garde civique complète suffirait donc. Il pourrait même être étendu à d'autres corps, notamment en partie à la cavalerie et à l'artillerie de siège.

Je comprends, quant à la cavalerie, qu'on maintienne les régiments existants, parce qu'il faut que l'officier soit formé, et il ne peut l'être que dans un corps de cavalerie permanent.

Mais pour l'artillerie de siège, pourquoi demander aux populations de nos places fortes autrechose que des artilleurs, puisqu'ils n'auront nul besoin de se déplacer pour s'exercer sérieusement? Vous avez, je crois, 2,800 bouches à feu à Anvers, à raison de 5 hommes par pièce, cela vous fait 14,000 hommes, rien que pour manœuvrer les pièces nécessaires à la défense d'Anvers.

Or, aujourd'hui vous n'avez en tout qu'environ 11,000 hommes d'artillerie de siége, pas même assez pour défendre Anvers. La population anversoise, avec le régime de la garde civique sérieusement appliqué, vous donnerait seule, et en ne prenant que les meilleurs éléments, plus d'artilleurs qu'il ne vous en faudrait. Et demandez à un Anversois comment y manœuvre aujourd'hui le corps des artilleurs de la garde civique. Il est remarquable dès aujourd'hui.

Et si vous pensez même que ce système ne peut être appliqué immédiatement dans l'état actuel de nos mœurs sociales, si vous vouliez songer à organiser quelque peu l'instruction publique en vue d'une pareille organisation, vous auriez, dans quelques années, des hommes en grand nombre suffisamment formés pour la carrière militaire ainsi entendue.

Dans nos écoles, les règles de l'hygiène ne sont pas observées d'une manière suffisante, en ce qui concerne les exercices corporels.

La gymnastique, qui est trop souvent un pur art,

pourrait être complétée avantageusament par des exercices utiles, pouvant servir militairèment.

Une heure de gymnastique militaire par jour ne coûterait rien, car il suffirait d'un bâton pou·· la faire, et à vingt ans tous les jeunes gens seraient capables de former d'excellents soldats. Mais, messieurs, quel ne serait pas le résultat économique d'un pareil système ?

L'infanterie et l'artillerie de siége réformées ainsi, presque tout le budget actuel pourraît être attribué aux corps spéciaux, à l'outillage, à l'intendance.

En effet, si le régime de la garde civique, étendu, devenait applicable à ces grands corps, les plus nombreux de l'armée, d'après le principe de la loi sur la garde civique, chacun de ces soldats devrait pourvoir à son propre équipement, s'il en avait le moyen, et l'équipement des autres serait à la charge de la commune, sans frais de casernement et de nourriture, charge bien légère en somme, à laquelle les communes pourvoiraient d'autant plus facilement qu'on ne leur demanderait que le nombre d'hommes qu'elles pourraient facilement donner en commençant par la bourgeoisie, qui ne coûterait rien.

Et même si cette charge devait être un peu lourde, ne pourrait-elle pas être compensée, et la compensation ne pourrait-elle pas être cherchée dans un allègement des charges de la bienfaisance ?

N'est-ce pas à l'État que l'assistance publique revient naturellement? Rien de plus injuste que la distribution des charges de bienfaisance existant aujourd'hui entre communes riches et communes pauvres, celles-ci d'ordinaire étant les plus chargées avec les moins de ressources. Une centralisation aux mains de l'État des biens des bureaux de bienfaisance, des hospices, des fabriques d'église, pourvoirait à tout avec un budget spécial, dès lors presque suffisant. Ce serait, pour la plupart des communes, un véritable soulagement.

Mais, messieurs, la justice n'est pas moins intéressée que l'économie à la réforme du système militaire actuel, puisque ainsi ce seraient d'abord ceux qui possèdent, qui défendraient les richesses nationales; ceux qui participent aux biens de ce monde, qui auraient avant tout à en supporter les charges, et même, au point de vue des garanties de l'ordre public, ce seraient ceux qui ont intérêt à le maintenir qui les premiers seraient appelés à le défendre.

En somme, dans un pays où toutes les institutions pivotent sur la bourgeoisie, ne serait-il pas juste que le système militaire, lui aussi, reposât d'abord sur elle, pour s'étendre ensuite et successivement aux couches profondes de la nation? Le système militaire doit-il être autre chose que la consécration armée de l'ordre social et politique!

Si la solution que j'indique était considérée comme possible, nous pourrions consacrer presque tout notre budget actuel aux corps spéciaux, et là où il faut une instruction spéciale, nous aurions des spécialistes, des hommes dont la profession même serait d'être soldat; et en même temps qu'on aurait un outillage excellent et une intendance parfaite, nous pourrions consacrer un budget sérieux à la formation du corps d'officiers, qui, pour l'infanterie et la cavalerie comme pour les autres corps, seraient alors rétribués de façon à trouver dans l'état militaire une profession non seulement honorée mais lucrative. Car, messieurs, tout le système indiqué repose avant tout sur un corps d'officiers excellent, nombreux, capable de satisfaire à toutes les exigences de l'instruction d'un si grand nombre d'hommes.

Il est vrai que cette instruction et cette organisation seraient singulièrement facilitées par les dispositions topographiques de notre pays, qui semble mieux fait qu'aucun autre pour une organisation d'armées régionales, n'ayant pas besoin de se déplacer inutilement, de suffire à d'inutiles voyages de garnisons et qui pourrait chacune se former complètement et sur place. Car si les Flandres nous donneraient une infanterie solide, avec un complément pour la cavalerie dans le Brabant et dans les zones-frontières, où existe précisément la propriété moyenne disposant de chevaux, et qui vont d'un côté de Furnes à Mons et de l'autre de Maeseyck à Liège; si le pays de montagnes, le Luxembourg et Namur, nous donneraient par les habitudes des populations d'excellents voltigeurs et chasseurs; si nous demandions notre artillerie de siége aux populations des places fortes, — nous trouverions dans de populations industrielles déjà familiarisées avec la mécanique, les hommes qu'il nous faudrait pour l'artillerie de campagne, le génie, l'intendance. Et ici on pourrait faire un appel serieux au volontariat pour ne pas troubler l'industrie, alors que dans nos populations agricoles, si c'était nécessaire, on pourrait éventuellement aller usqu'à pratiquer une incorporation de quelques mois. Car l'agriculture laisse quelque temps de répit, alors que l'industrie n'en laisse point.

De cette façon, je crois, la puissance militaire du pays pourrait être portée à son maximum sans troubler en rien les fonctions productrices.

Quel est, en effet, le principe auquel j'obéis ?

Le voici :

C'est d'arriver à organiser les forces militaires de façon à gêner le pays le moins possible dans son développement normal.

Quel est l'autre principe auquel j'obéis ? C'est d'organiser les institutions militaires en harmonie avec les autres institutions existantes.

Faire reposer l'armée sur le travail et sur la liberté, la rendre inséparable des grands intérêts sociaux, confondre en elle tout ce que nous aimons, tout ce que nous voulons maintenir et défendre, qu'est-ce, sinon donner à nos forces militaires leur expression la plus haute, la plus puissante, la plus profondément nationale? Tandis que, comme aujourd'hui, séparer l'armée de la nation, c'est se défier de l'une et méconnaître l'autre, faire de la nation une foule sans défense et de l'armée un instrument sans responsabilité. Nous, qui avons à sauvegarder nos libertés et qui ne songerons jamais à attenter à la liberté d'autrui, nous avons à faire rentrer dans l'armée la conscience publique en la confondant avec la nation elle-même.

Et s'il subsiste des distinctions, ce sont celles que commande la nature des choses ; la distinction entre les corps plus spécialement organisés d'après les exigences de chacun — les corps spéciaux et la cavalerie presque tout entière restant organisés sur le modèle actuel, — c'est encore la distinction entre les populations d'après leur situation topographique, d'après leur genre de travail prédominant. Car, remarquez-le, messieurs, il n'y a au monde que deux grandes organisations : celle des peuples agricoles et celle des peuples industriels. Celle des peuples industriels comme l'Angleterre et comme l'Amérique avec leurs combinaisons libérales, et celle de peuples agricoles comme la Russie, l'Allemagne et la France avec leur service obligatoire.

Mais ces distinctions-là ne sont pas autre chose que la distribution des diverses parties d'un même organisme. Notre organisation militaire serait moulée, comme doit l'être un bonne armure, sur le corps même de la nation, ne gênant en rien ses mouvements, mais lui ajoutant la force et la sécurité.

Je demande une seule chose : c'est que la Chambre veuille, non pas s'occuper de ce que je dis, si cela ne lui paraît pas assez important, mais au moins considérer mes paroles comme une incitation à prendre en considération sérieuse cette question militaire qui doit être résolue et pour laquelle il ne suffit pas de voir si ce qui existe actuellement marche d'une façon plus ou moins régulière.

En somme, la Chambre n'est pas faite seulement pour administrer, mais encore et surtout pour gouverner, et j'appelle gouverner mettre les institutions du pays en rapport avec les nécessités sociales et les nécessités historiques.

Eh bien, ce n'est pas gouverner que de n'avoir pas le courage d'aborder de front et sérieusement ce problème et de faire sans hésiter ce que la nécessité commande.

Et ce que je dis n'est pas vrai seulement pour les

institutions militaires, mais pour bien d'autres institutions, les unes qui ne suffisent plus aux besoins du temps, et d'autres qu'il faudrait créer pour répondre à des nécessités nouvelles.

Si nous avons le sentiment qu'il faut agir, pourquoi ne pas le faire résolûment, pourquoi ne le ferions-nous pas tout de suite? Est-il quelque chose qui nous arrête ? Est-ce que, dans les circonstances graves, tous les cœurs patriotes ne se trouveront pas unis?

Le pays ne sera-t-il pas toujours avec nous quand nous voudrons aborder les grands problèmes dont il attend depuis si longtemps la solution? En somme que nous reproche-t-on? est-ce notre audace? est-ce de trop faire, de brûler le pavé? Nous dit-on que nous jetons les réformes à main trop pleines dans le pays?

Je ne le pense pas. On nous accuse de ne pas marcher, de soulever les questions sans les résoudre.

Est-ce que l'assistance publique, est-ce que la protection des enfants et des femmes, est-ce que les intérêts du commerce, de l'industrie, est-ce que les grands intérêts moraux et intellectuels du !pays ne sont pas là qui nous attendent, qui veulent de nous œuvre féconde? La Chambre a dans ces derniers temps abordé une seule de ces grandes questions;

celle de l'enseignement public, pour mettre l'insstruction nationale au niveau des nécessités du temps. Mais là même on n'a pas osé aller jusqu'au bout, c'est-à-dire jusqu'à l'enseignement professionnel si nécessaire, et jusqu'à la réforme définitive de l'enseignement moyen et de l'enseignement supérieur.

Messieurs, vous en êtes convaincus, tout cela doit être entamé en même temps que la réforme de nos institutions militaires, car, si nos institutions militaires doivent garantir notre existence politique, toutes ces autres réformes ont à garantir, à sauver notre existence énonomique et sociale pour laquelle les dangers sont aussi grands. Car, si, au point de vue politique nous sommes encore couverts par la neutralité, au point de vue économique aucune neutralité ne nous protège ; là nous devons lutter corps à corps, poitrine contre poitrine, avec nos rivaux.

Là, nous n'avons pas à dire que nous sommes trop faibles, il faut être les plus forts, sinon nous serons écrasés et détruits. Là, nous ne pouvons pas même, nous, petit pays, nous couvrir d'un système de protection, nous entourer de murailles ; nous sommes voués au libre-échange absolu, nous devons accepter la lutte complète, définitive, et toutes ces réformes si urgentes, à quoi doivent-elles servir sinon à nous armer pour la lutte du travail, de la science, et comment vaincrons-nous si nous ne faisons pas tout ce qui est possible pour avoir les populations les plus instruites, les plus énergiques et les plus capables? Comment le pays ne nous suivrait-il pas dans une pareille voie?

Peut-être y a-t-il au fond de nos consciences une crainte secrète. On se dit : Le pays est avec nous, mais nos mandants, mais le corps électoral ne l'est peut-être pas assez pour ces innovations, pour ces améliorations qui sortent de la routine. Peut-être éprouverait-il quelque hésitation s'il nous voyait aborder tant de choses.

Craindrions-nous de l'étourdir du bruit de nos réformes? Non, messieurs, n'ayons pas cette crainte : le corps électoral lui-même sera avec nous.

Mais, j'ose le dire franchement, si l'assiette du pouvoir n'est pas assez résistante pour que nous puissions accomplir les réformes que la situation impose, si le corps électoral ne nous donne pas le soutien dont nous avons besoin, il y a dans le pays d'autres éléments éclairés, capables, dignes, auxquels nous pouvons faire appel pour renforcer le corps électoral actuel! et plus nous descendrons dans les couches profondes du pays, plus nous trouverons cette chaleur d'âme et cette foi dans la justice et dans la patrie, sans lesquelles on ne fait pas de choses durables. (*Très bien ! sur quelques bancs.*)

LA REPRÉSENTATION DES INTÉRÊTS

Discours

prononcé à la Chambre des Représentants
les 8 et 9 août 1883.

Avant d'aborder la défense de l'amendement déposé par MM. Vanderkindere, Buls, Goblet et moi,
relativement à la représentation des intérêts, et de
discuter la question posée par l'honorable M. Nothomb relativement au suffrage universel, permettez-moi de dire quelques mots du projet du
gouvernement.

Pour moi, j'accepte le projet du gouvernement
dans son principe, qui est l'adjonction des capacités
au cens, ou plutôt la reconnaissance des droits de
la science, mais je crois que si l'on peut applaudir
à l'idée mère du projet, le principe nouveau n'y est
pas suffisamment dégagé et n'y prend pas la place
importante à laquelle il a droit.

Je regrette d'autre part que, malgré d'excellentes tendances, il laisse encore à l'écart un nombre considérable de grands intérêts, ceux des classes ouvrières. Ils y sont à peine indiqués.

Ce n'est pas que je n'admette que d'après les circonstances, en politique, on ne puisse donner peu ou beaucoup ; je suis prêt à tenir compte des circonstances, pourvu que les principes soient saufs et qu'on sache où l'on veut aller.

S'il m'est démontré que le gouvernement sait où il veut aller et que nous soyons d'accord sur le point d'arrivée, qu'il faille y mettre même beaucoup de patience, je le déclare, j'accepte le projet dans ses lignes principales.

Malheureusement cela ne m'est pas démontré jusqu'ici. Le projet gouvernemental manque de système, il ne présente pas un ensemble clair et complet ; il jette de plusieurs côtés des amorces, mais on ne sait pas ce qu'on retirera, une baleine ou un goujon.

Lorsque, en matière électorale, on ne sait pas exactement où l'on va, lorsqu'on ne fait pas produire aux principes tout ce qu'ils doivent produire, en fixant, dès le premier jour, les limites précises auxquelles il faudra s'arrêter, on risque d'abandonner le tout au hasard et d'être sans force contre l'imprévu.

Il faut bien le dire, cette question du droit électoral a été, dans d'autres pays, trop souvent résolue
par les événements et pas assez par la volonté des
gouvernants. En France, le suffrage universel n'a
pas été le résultat d'une délibération précédemment
arrêtée entre hommes politiques qui avaient, d'une
façon pratique et complète, examiné la nécessité de
la situation. En France, le suffrage universel est
sorti d'une révolution.

Les événements ont été les plus forts. Je ne dis
pas que la révolution ait eu tort ou raison au point
de vue de la France. Les révolutions ne donnent
que ce que les situations contiennent, mais en politique il n'est pas toujours nécessaire de demander
aux situations tout ce qu'elles peuvent contenir.

En Allemagne, où c'est M. de Bismarck qui paraît
avoir octroyé le suffrage universel, l'origine en a été
la même.

C'est le parlement de Francfort de 1848 qui, sous
la pression populaire, a commencé par proclamer le
droit universel de suffrage. Quand, il y a quelques
années, M. de Bismarck, au Reichstag allemand, dis-
cutait cette question et que des conservateurs lui
reprochaient d'être allé jusque-là, il ne le défendit
nullement comme son œuvre ; il dit simplement
qu'il lui avait fallu reprendre le suffrage universel
avec d'autres legs du parlement de Francfort, mais

que, pour lui, il s'en fût parfaitement passé. C'est une carte qui a été jouée, ajoutait-il, il a bien fallu accepter celle-là avec le reste du jeu.

On comprend qu'ayant à reprendre et à continuer la politique nationale du parlement de Francfort, M. de Bismarck ait dû l'accepter tout entière, mais le suffrage universel n'a été là qu'une question subsidiaire que l'on n'a pas eu à examiner en elle-même et pour elle-même.

Ces deux grands pays ne nous apprennent donc absolument rien au point de vue des motifs qui pourraient nous déterminer à notre tour à accepter le suffrage universel. Ils s'en accomodent ; il leur a été imposé par les circonstances, ils tâchent d'en tirer ce qu'ils peuvent ; mais autre chose est de subir ce que les événements nous imposent, autre chose est d'aller au-devant et d'accepter, après délibération, ce que d'autres ont accepté par nécessité.

Il n'y a qu'un seul grand pays où le suffrage ne soit pas entré de force et par une sorte d'accident et où il se soit développé d'une façon régulière ; ce sont les Etats-Unis, mais nous ne pouvons pas comparer les Etats-Unis à la Belgique, pas plus que nous ne pouvons comparer la Belgique, pays centralisé et industriel, à la Suisse, peu habitée, divisée et parcellaire, où il existe également.

La société aux Etats-Unis n'est pas ce que sont nos vieilles sociétés européennes.

L'ordre social aux Etats-Unis n'est pas une réunion de collectivités anciennes, séculaires ; les grandes solidarités nationales et sociales n'y existent pas encore comme elles existent dans les vieux pays d'Europe. C'est pour cela que je comprends que le suffrage universel, qui est la reconnaissance du droit individuel de chacun, en tant que personnalité humaine et politique, sans aucune conception sociale, soit une idée parfaitement adéquate à la situation des Etats-Unis, qui ne sont encore en majeure partie qu'un agrégat d'individus, chacun occupé seulement de soi-même, et non pas encore un agrégat d'intérêts organiques, comme cela existe en Belgique.

M. FRÈRE-ORBAN, ministre des affaires étrangères. — Le suffrage universel est relativement récent aux États-Unis.

M. ARNOULD. — Oui, cependant il y est profondément ancré ; et il s'y est ancré naturellement, sans être le résultat d'événements de force majeure, comme il a fait en France et en Allemagne ; il y a pris racine par le développement normal des institutions.

Je dis que nous ne pouvons comparer les Etats-Unis à la Belgique et que ce qui peut être excellent

4

aux États-Unis peut ne pas être approprié à notre milieu belge. Cependant, ne croyez pas que je craigne le suffrage universel; si j'en parle ainsi, ce n'est pas qu'il soit pour moi une espèce d'épouvantail.

Les pays qui nous entourent, quoique ayant le suffrage universel, ne courent pas pour cela de bien grands dangers, et toute organisation politique, quelle qu'elle soit, comporte des périls qui lui sont propres. Ces grands pays ont ce droit, la chose est faite : mais la question pour nous est de savoir si, volontairement, nous levons, nous aussi, l'adopter, ou si rien ne nous forçant à le prendre, une autre solution ne serait pas préférable à notre point de vue belge. Mais ce qui importe avant tout, c'est que nous sachions ce que nous voulons.

Or, messieurs, je crains que le projet du gouvernement, comme le disait hier l'honorable M. Pirmez, en plaçant à côté du corps censitaire des individus en nombre plus ou moins considérable, à qui l'on accordera le droit de suffrage uniquement au point de vue personnel, sans les rattacher suffisamment à un groupe, à une catégorie, à une classe particulière ou à un organe de la société, en même temps qu'on n'élève aucune barrière qui indique d'une façon précise et définitive où l'on pourra s'arrêter dans ces adjonctions successives d'individus;

je crains, dis-je avec l'honorable M. Pirmez, que le projet du gouvernement ne nous conduise tout droit au suffrage universel.

Entendons-nous, messieurs, je me sépare entièrement de l'honorable M. Pirmez lorsqu'il entend que le droit de suffrage soit et demeure restreint et aristocratique, puisqu'il en fait une fonction dévolue seulement à quelques-uns.

Je suis d'avis au contraire que tout le monde a le droit de voter dans son pays, que chacun a des intérêts suffisants pour pouvoir et devoir prendre part à l'élection de ceux qui ont à défendre les grands intérêts généraux de la nation.

Je suis d'accord sur ce point avec l'honorable M. Nothomb, je suis d'avis avec lui qu'il n'appartient à aucune classe particulière, soit en vertu de la fortune, soit même en vertu de l'instruction, de représenter les intérêts de tous. Mais lorsque l'honorable M. Nothomb croit trouver dans le suffrage universel, c'est-à-dire dans le droit de suffrage accordé indistinctement et confusément à tous les individus, la garantie des grands intérêts nationaux auxquels tous ont part, je crois au contraire qu'un pareil suffrage indistinct et confus est la ruine et l'anéantissement de beaucoup d'intérêts considérables et respectables qui ne réussissent pas à s'y faire jour et à y trouver la place qu'il leur faudrait.

Pourquoi? Parce que dans les grandes masses d'individus, lorsque chacun vient voter, soit au nom de ses visées individuelles, soit au nom de principes généraux qui ont établi leurs courants dans ce vaste Océan, la nation, mais sans qu'aucune distinction existe pour séparer les éléments qui forment les parties constitutives et permanentes d'un peuple organisé, il arrive que des millions d'hommes votant à la fois, on assiste à des mouvements grandioses qui ressemblent à ceux de la mer et qu'il faut subir par leur irrésistible force, mais qu'on ne trouve pas dans ces grands entrainements ce qu'il faudrait y trouver, c'est-à-dire la pensée voulue et calme du corps social. Car le corps social n'est pas une masse indéterminée, flottante et vague comme un Océan; le corps social est un organisme.

Eh bien, messieurs, c'est ce suffrage universel indéterminé, vague, qui a fait irruption en France et en Allemagne par dessus toutes les digues, que pour moi je ne pense pas qu'il faille introduire dans notre pays, et le reproche que je fais au projet du gouvernement, c'est qu'il y conduise alors cependant que le gouvernement ne veut pas nous y mener. Pour nous, les auteurs de l'amendement, notre principale préoccupation a été précisément de n'aller nulle part où nous ne soyons décidés d'aller, de ne pas laisser résoudre la question du droit de suffrage par un avenir plus ou moins éloigné dont nous serons peu ou point les maîtres, mais de la résoudre immédiatement, complètement, définitivement et de façon à n'avoir plus à y revenir. Et c'est pour cela que, reconnaissant du premier coup le droit de suffrage à tous, sans exclure personne de la nation, sauf indignité légale, nous croyons cependant, par les divisions et les distinctions établies, éviter les imprévus et les entraînements inconscients du suffrage universel, et traiter le peuple belge non comme une foule inorganique, mais comme une nation majeure ayant besoin de se connaître, mais sachant se diriger elle-même.

En effet, messieurs, notre amendement n'exclut personne, mais il partage la nation en trois grandes classes, en trois grandes catégories, qui, agissant chacune d'une façon indépendante et consciente, assurent la représentation de tous les intérêts majeurs, et par leur équilibre et leur entente réciproque réalisent la paix sociale.

L'honorable M. Nothomb en parlant de ces distinctions reconnues par nous, parlait de peuple majeur et de peuple mineur. Il croyait aussi que l'honorable M. Goblet d'Alviella avait entendu ne parler que des élections provinciales et communales et non des législatives où un corps électoral réorganisé est surtout nécessaire.

L'honorable M. Nothomb se trompe complètement, qu'il me permette de le lui dire, en reprochant
cette inconséquence à l'honorable M. Goblet.

M. Goblet d'Alviella. — Évidemment! Je l'ai du
reste dit formellement dans mon discours.

M. Arnould. — L'honorable M. Nothomb avait
oublié que mes amis et moi nous avons déposé il y
a deux ou trois mois, un projet général qui impli-
quait la revision constitutionnelle, et qui demandait
l'adoption, pour les élections législatives, de la
réforme électorale que nous proposons. Et ce projet
était signé, comme aujourd'hui, par MM. Buls, Goblet, Vanderkindere et moi.

Si aujourd'hui nous ne reproduisons notre projet
qu'au point de vue des élections communales et provinciales, c'est parce que c'est là, aujourd'hui, le
seul terrain qui nous reste, et que nous désirons
aboutir.

Je suis donc d'accord avec M. Nothomb que le
suffrage doit être général, mais la question est de
savoir si tous les citoyens voteront dans un seul
grand corps indivis, ou bien s'il voteront par
groupes, par catégories d'intérêts.

Les pays de suffrage universel sont dans l'indivi-
sion, il s'agit de savoir s'il faut nous y mettre et com-
mencer pour cela par bouleverser ce qui existe
chez nous.

Messieurs, le projet que nous vous présentons a ceci de bon, qu'il ne bouleverse rien, qu'il part de ce qui existe et en le maintenant, qu'il peut être réalisé sans le moindre danger.

Ce qu'il y a de solide dans notre projet, c'est précisément qu'il se rattache à la situation existante, qu'il s'appuie aujourd'hui sur les intentions manifestées par le gouvernement, mais qu'il apporte cependant une solution définitive.

Nous commençons par accepter le corps censitaire tel qu'il est. Nous acceptons le projet du gouvernement avec son principe capacitaire, sans demander à y rien changer d'essentiel.

Mais nous demandons que les intérêts encore exclus, ceux de la masse de la nation trouvent place à côté des censitaires et des capacitaires, sans compromettre en rien les intérêts et les droits ni des uns ni des autres.

Et notez, messieurs, qu'en réalité ce que nous faisons ce n'est pas autre chose que d'adopter le principe constitutionnel qui, lui aussi, a procédé par groupement d'intérêts, mais qui n'a commencé par établir que le premier groupe, celui qui, en 1830, pouvait être seul considéré comme organique.

Qu'est-ce que, en effet, que le corps des censitaires? C'est un groupement d'intérêts; ce n'est pas seulement un certain nombre d'individus plus ou moins capables à qui est conféré le droit de suffrage.

Le corps censitaire, au point de vue de la capacité individuelle, ne donne absolument aucune garantie. Il y a tel censitaire qui sait lire et écrire ; tel autre qui ne le sait pas ; tel autre qui possède des notions plus complètes ; et l'on voit à côté d'eux des hommes de la plus haute capacité, qui font l'honneur du pays, exclus du corps électoral.

Mais offrent-ils peut-être par leur position sociale des garanties d'indépendance plus sérieuses que la capacité ? Non évidemment. Un très grand nombre, peut-être la majorité des censitaires dans le pays, sont dans des positions sociales tout à fait subordonnées et dépendantes.

Donc, au point de vue de la critique générale qu'on fait de ce système, tant comme indépendance personnelle que comme capacité, il n'y a rien à répondre. Mais ce qui est vrai, et ce qui dans le corps censitaire doit être respecté, c'est qu'il forme un groupe énorme d'intérêts, et d'intérêts majeurs : ceux de la propriété, du commerce et de l'industrie ; qu'il forme, en un mot, le groupe des intérêts capitalistes.

A le prendre ainsi, je le considère comme nécessaire et indestructible, car les droits qu'en cette qualité il possède, il doit les conserver.

On comprend dès lors que l'impôt puisse être le criterium, la marque à laquelle on reconnaîtra si quelqu'un aura le droit électoral comme appartenant à ce groupe d'intérêts. Puisque la fortune, l'argent est la caractéristique même de la propriété, du commerce, de l'industrie, en un mot du capitalisme, c'est évidemment par l'argent, par l'impôt direct, que les membres de cette catégorie se feront reconnaître.

Rien que de logique donc dans le système constitutionnel ainsi entendu ; j'ajouterai même que je comprends qu'on ait pu, à un moment donné, investir ce groupe considérable d'intérêts du droit électoral, à l'exclusion du reste de la nation. On peut, en effet, admettre qu'en 1830, alors que la situation de notre pays était tout autre qu'elle n'est aujourd'hui, alors que la grande industrie était à peine née, et que nul ne pouvait prévoir les développements gigantesques qu'elle a reçus depuis, alors que le développement scientifique et intellectuel n'était rien en comparaison de ce qu'il est aujourd'hui, on peut admettre, dis-je, qu'en 1830, le Congrès national ait investi du droit électoral ce corps de censitaires qui, à ses yeux, devait représenter les intérêts presque complets de la nation, toute alors de petits propriétaires et de moyen commerce. Mais depuis lors sont nés de nouveaux organes d'une puissance qu'on n'imaginait pas.

Voyez aujourd'hui notre vaste organisation de l'instruction publique, et l'armée des professions libérales, des artistes et des savants, qui tous ont une pensée commune, la science et l'art.

Voyez ce peuple immense de l'industrie, ce développement du salariat, même agricole, qui forme la grande armée du travail.

Ces deux grandes forces nouvelles ne doivent-elles pas prendre place à côté des censitaires?

Notez que le corps des censitaires n'a rien perdu en lui-même de sa force. Il est resté en possession des droits politiques et avec raison. parce qu'il a conservé toute sa puissance sociale et économique.

Celle-là aussi s'est même développée. Si le capital et la propriété avaient périclité, on pourrait se demander s'il faut enlever quelque chose de leurs droits politiques à ceux qui économiquement ne sont plus les mêmes, mais il n'en est rien. Je n'admets donc pas, pour moi, la substitution d'aucun autre principe, tel que la capacité, au cens. Les censitaires doivent conserver leurs droits politiques en tant que censitaires, en tant que représentants de la propriété et du capital, mais ils ne peuvent plus le posséder seuls, d'autres intérêts sont nés à côté d'eux, aussi respectables que les leurs.

Messieurs, est-ce que réellement ces intérêts existent par eux-mêmes? ou n'est-ce pas une illusion de faire ces groupements, de faire ces distinctions dans notre société égalitaire, où l'on ne veut voir que des individus ayant tous les mêmes droits et les mêmes devoirs? Politiquement, socialement peut-on établir, peut-on reconnaître ces formations diverses et leur attribuer une existence séparée ?

Lorsque nous nous abstrayons de la société dans laquelle nous vivons et qui n'est pas aussi clairement visible pour nous, parce que, y étant mêlés, les préoccupations nous empêchent de conserver une vue absolument désintéressée, lorsque nous regardons en arrière de nous, et que nous contemplons les sociétés anciennes très éloignées, n'y voyons-nous que des agrégats d'individus, des foules qui pendant des siècles se succèdent et s'écoulent comme des fleuves où l'on ne distingue pas entre les vagues, mais qui ne présentent que l'aspect d'un courant uniforme ?

Non, ce n'est pas ainsi que nous voyons les sociétés passées. Nous y voyons naître, se développer et mourir certaines forces collectives qui sont la réalité même et le seul intérêt de l'histoire.

Lorsque ces forces luttent entre elles, c'est la vie; lorsqu'elles sont en équilibre, c'est l'harmonie; quand l'une d'elles succombe, qu'elles s'entre dé-truisent, quand elles disparaissent ensemble, c'est la décadence ou la mort.

Ainsi la vieille Rome toute entière est dans la lutte du patriciat et de la plèbe, et quand ces deux grandes expressions de la vie romaine se déforment organiquement, Rome, elle aussi, change de figure, et une nouvelle face de l'histoire apparaît.

Ainsi le moyen-âge n'est complet et ne présente un intérêt historique que lorsque les grandes forces qui lui sont propres ont pris leur développement. Nous voyons alors les grandes forces de l'empire, de l'Eglise, des communes, en lutte jusqu'à ce que le moyen-âge lui-même disparaisse.

Et dans un temps plus rapproché, sous la monarchie qui a précédé la révolution moderne, ce sont encore de grands corps, la noblesse, le clergé, la bourgeoisie, qui dans tous les pays de l'Europe, constituent le corps même et la vie des nations. Les individus n'en sont que des molécules; tout se résume dans l'action de ces grandes collectivités sociales.

De notre temps, et lorsqu'une révolution est venue balayer ou submerger les anciens organismes, en est-il autrement? Ne s'est-il pas formé aussi de grandes forces sociales dont l'existence forme, en somme, toute la vie sociale et qui doivent être maintenues et développées? A chacune d'elles, ne faut-il pas mesurer tout son champ d'action et laisser prendre toute sa puissance pour maintenir l'énergie vitale dans la société elle-même? Il en est absolument aujourd'hui comme il en était autrefois dans toutes les sociétés civilisées. Seulement, aujourd'hui, ces forces constitutives ont d'autres formes et d'autres noms; elles n'en sont pas moins réelles.

Et quelles sont aujourd'hui les grandes forces qui, en somme, sont tout pour nous et par lesquelles seules nous respirons et nous vivons comme peuples modernes? Ce sont le capital, le travail et la science, et je veux, en quelques mots, montrer à la Chambre que ce ne sont pas là simplement des formules sous lesquelles on réunit, d'une façon arbitraire, un certain nombre d'intérêts qu'on pourrait aussi bien départager d'une autre façon, que ce ne sont pas là des entités métaphysiques qui ne vivent que dans mon esprit, mais que ce sont des réalités tangibles, ayant une existence propre et pour ainsi dire matérielle.

Messieurs, tout d'abord le capital n'a-t-il pas une existence sociale parfaitement déterminée, ne peut-on pas dire qu'il s'incarne, s'humanise pour ainsi dire complètement dans le corps censitaire.

Cela veut-il dire que dans le corps censitaire tous les électeurs soient capitalistes? Evidemment non. Cela veut dire que l'immense majorité, je dirai la presque totalité du corps censitaire vit de la vie du capital.

Le dernier des petits commerçants qui, en somme, n'est électeur que par son droit de patente et les contributions personnelles qu'il paye, si peu capitaliste, si pauvre même qu'il soit, la façon de vivre pour lui, c'est le régime capitaliste. Il travaille de quinzaine en quinzaine pour payer ses échéances; l'escompte de son papier est pour lui une question de vie ou de mort.

Le marché domine son existence toute entière; il est pris dans l'engrenage capitaliste; le capital est l'axe autour duquel il se meut, si infime molécule qu'il soit dans le tourbillon; toutes les transformations qui s'accomplissent dans le régime du capital, par exemple une réforme du crédit, sont pour lui des questions de vie ou de mort.

Il en est de même pour le petit propriétaire qui vit du revenu de ses loyers, de ses valeurs.

Il en est encore de même pour l'agriculteur qui travaille sur son propre fonds et doit porter au marché le produit de son travail. C'est le marché qui domine son existence. C'est l'échange qui le rive au régime du capital.

Dans notre société moderne, on peut dire que la presque totalité des hommes travaille; ce serait donc une erreur de prétendre que par cela même qu'on dit capital on dit absence de travail.

Le capital a aussi son travail propre, qui est sa

fonction sociale, mais, cependant, quand d'un côté, je dis Capital, et que de l'autre, je dis : Travail, tout le monde sait ce que signifie l'opposition de ces deux termes.

La séparation est-elle absolue? Non, certes.

Il est impossible, en matière sociale, de prendre le tranchant d'une faux, de découper le corps social et de dire : Ici s'arrête un organe, ici en commence un autre. Mais au point de vue général où je me place, les censitaires représentent bien dans notre pays les intérêt du capital, et à côté de ce grand corps, il existe incontestablement une autre classe, celle des hommes qui vivent exclusivement du travail salarié, ou comme artisans, ou comme ouvriers industriels, mais qui forment une catégorie particulière. N'est-il pas clair que c'est là une classe séparée, et qu'elle a des intérêts particuliers qui ne doivent pas être confondus avec les intérêts capitalistes.

Qu'est-ce qui domine le régime capitaliste? C'est le marché, c'est la circulation. Si vous voulez me permettre une comparaison entre le corps social et le corps humain, je dirai que le régime capitaliste est comme le sang qui porte la vie à toutes les parties du corps social, tandis que le travail ouvrier ressemble au système musculaire.

Mais comment nier que ces deux groupes soient distincts, aient des intérêts séparés !

L'histoire économique de notre pays, n'est-ce pas l'histoire de la lutte du salariat et du capital?

Or, non seulement cette classe ouvrière a des intérêts propres, mais encore une façon de procéder propre. Le régime capitaliste se soumet à la loi du marché; le salariat ne s'y soumet pas; le salariat n'est pas régi seulement par la loi de l'offre et de la demande, il est régi encore par la loi du minimum de subsistance matérielle, et ce minimum, il n'a qu'une préoccupation, c'est de l'augmenter. C'est pour cela que, dans toutes les luttes entre le capital et le travail, le travail pousse droit devant lui, sans écouter aucune des objurgations du capital qui invoque l'état du marché, alors que le capital, au nom du marché, cherche à réduire le salaire au minimum vital.

Comment sauvegarder ces intérêts contraires, opposés, distincts dans tous les cas, sinon par une représentation spéciale? Ceux qui ont un autre système sont : ou bien ceux qui entendent maintenir la domination du capital à l'aide du régime censitaire exclusif, ou bien ceux qui par le suffrage universel veulent assurer la domination du travail. Ou bien donc le capital continuera à agir dans son propre intérêt et considérera le reste de la population comme devant lui rester soumise, ou bien les partisans du suffrage universel diront : C'est le grand nombre qui représente les intérêts les plus généraux et qui, par le poids du suffrage universel, doit imposer son nombre à ceux qui représentent des intérêts qui, tout respectables qu'ils sont, ne sont cependant que ceux de la minorité.

Pour moi, messieurs, je considère qu'un système comme l'autre est dangereux, parce que, dans le corps social, tout ce qui est organique est également nécessaire, et que toute fonction essentielle qui nuit à une autre se nuit à elle-même,

J'ai comparé tantôt le système circulatoire au capital ; si d'autre part le système musculaire était l'image de ce grand peuple ouvrier qui exerce son action féconde principalement par la force matérielle, l'appareil scientifique ne pourrait-il, de son côté, être comparé au système nerveux? Ce ne sont là que des figures sans autre importance ; je les emploie seulement pour rendre plus évidente à la fois la liaison nécessaire, et la distinction non moins nécessaire des organes du corps social.

Toute domination exclusive provoque des réactions dangereuses. Lorsque le salarié est soümis au capitaliste, l'ouvrier ne donne plus la somme de travail utile qu'il pourrait donner pour le bien du pays; lorsque le grand nombre domine, la classe supérieure de la nation est obligée de se concentrer avec une force infiniment plus grande, pour réagir contre la prédominance des masses. Danger donc des deux côtés.

Ce dernier phénomène se produit dans tous les pays de suffrage universel.

Er Amérique, messieurs, si le gouvernement n'est pas fortement centralisé, les capitaux sont obligés, eux, de se concentrer d'une façon vraiment excessive. Les capitaux font là ce que dans d'autres pays de suffrage universel, comme l'Allemagne et la France, sont obligés de faire les pouvoirs publics.

Je le disais tantôt : je n'ai aucune peur du suffrage universel; c'est un régime sous lequel on peut vivre comme sous d'autres. Cependant, je me demande si, dans notre Belgique, où les trop grandes concentrations ne se sont pas faites, ni au point de vue politique, ni au point de vue économique, il serait prudent d'adopter le suffrage universel pur et simple, comme paraissait le demander tout à l'heure l'honorable M. Nothomb.

Dans un pays industriel, comprenant de grandes agglomérations d'ouvriers disposés par zones comme chez nous, ces réactions pourraient être terribles. Il n'y a que la séparation qui puisse empêcher les violences de l'antagonisme.

Je défends, autant que je le puis, les intérêts de la classe ouvrière; mais leur propre intérêt n'est pas dans leur domination exclusive ou excessive, et leur intérêt, si cher qu'il me soit ne doit pas arriver à jeter le trouble dans l'organisme social.

Si l'Angleterre résiste comme elle le fait, même dans ses éléments radicaux, au suffrage universel, c'est que, seule en Europe, elle a une situation industrielle à peu près semblable à la nôtre.

En France, en Allemagne même, dans les grands pays agricoles, comme l'a fait du reste remarquer l'honorable M. Nothomb, le nombre des propriétaires est si grand qu'il assure au suffrage universel un centre de gravité pour ainsi dire inébranlable.

Mais même dans les pays de suffrage universel, les intérêts économiques ont éprouvé le besoin d'avoir des organes spéciaux.

Ainsi M. de Bismarck a créé son parlement économique.

A première vue, on ne le comprend pas. On se dit : Le peuple ayant le suffrage universel, tous les intérêts peuvent être représentés. Pas le moins du monde. Tous les intérêts étant confondus, du moment qu'on a voulu les démêler, il a fallu créer une représentation nouvelle. De là l'antagonisme entre la chambre économique en Allemagne et le Reichstag.

En effet, cette représentation spéciale est, en quelque sorte, la négation même du principe de l'universalité de la représentation. Il a fallu cependant y recourir, tant les intérêts similaires cherchent par eux-mêmes à s'unir dans une sphère qui leur soit propre.

En France, le même fait ne se produit-il pas?

Qu'est-ce que la loi sur les syndicats ouvriers? C'est incontestablement en germe une espèce de parlement ouvrier, un groupement ouvrier dans tous les cas qui, même en ce pays de suffrage universel, permettra aux intérêts ouvriers de se connaître et de se défendre. N'est-ce pas, comme nous l'appelions autrefois en Belgique une véritable représentation du travail?

En Angleterre, tout le régime politique s'est produit par des adjonctions successives; on a vu d'abord la grande puissance terrienne se constituer dans la chambre des lords; puis l'industrie et le commerce se sont centralisés dans la chambre des communes; et aujourd'hui les intérêts ouvriers arrivent lentement à se créer une représentation particulière, par les trade's unions, qui possèdent une existence légale reconnue.

Tout le monde sait, dans cette Chambre, que des rapports réguliers existent entre la chambre des communes et les trade's unions. Celles-ci discutent et proposent des projets de lois qui ont été à plusieurs reprises adoptés par la chambre des communes.

Comme tout ce qui se fait en Angleterre concernant la question du travail a de l'importance et suit une marche logique, ces trade's unions finiront par avoir un caractère aussi officiel que la chambre des lords et celle des communes elles-mêmes.

Vous voyez donc que dans tous les grands pays les intérêts du travail prennent une existence séparée; et, pour moi, dans un régime électoral bien fait, cette distinction fondamentale doit être dès l'abord établie, parce que le régime représentatif ne doit être que la reproduction de la vie sociale elle-même.

A côté du capital et du travail, nous plaçons un troisième élément fondamental, celui de la Science.

Si ces deux grands intérêts économiques exigent une représentation séparée, de son côté, celui de la science doit jouir d'une vie indépendante par des conditions d'existence qui lui soient particulières, car il a un but qui lui est spécial et il a droit à une place à part dans l'Etat.

Il s'agit d'une question très grave et très importante pour nous et pour notre temps.

Dans les sociétés anciennes, on ne peut pas dire que la science fût constituée. Il y avait des savants, des littérateurs, des artistes, mais il n'y avait rien d'organique, de constitutif qu'on pût appeler la science; et cela tout d'abord parce qu'une confusion complète existait entre le temporel et le spirituel, entre les intérêts matériels et le monde des idées et des connaissances.

La fonction presque tout entière du moyen-âge a été de séparer le spirituel du temporel et d'accomplir ainsi une grande besogne sociale. Ce n'est que par cette séparation que le spirituel a conquis son indépendance et que la liberté complète de l'esprit a réussi à vaincre.

C'est alors que le spirituel s'est constitué non pas seulement comme un monde particulier qui a fait accepter ses droits, mais comme une puissance qui a su contenir et souvent dominer la puissance temporelle elle-même. Le spirituel ainsi émancipé et vainqueur, a réussi même à se donner une organisation formidable sous le nom d'Église universelle.

En luttant pour accomplir la séparation radicale du temporel et du spirituel, l'Église a fait une grande œuvre civilisatrice, dont aujourd'hui même nous avons à lui tenir compte.

Mais, si l'Église a été l'instrument formidable que l'esprit humain a employé pour assurer son indépendance et se donner une existence propre, et non seulement individuelle, mais collective et sociale, nous pouvons dire qu'après avoir accompli cette grande œuvre, l'Église a, en quelque sorte, epuisé sa mission. Ici je me sépare d'une partie des membres de cette Chambre.

L'Église a pu répondre autrefois aux besoins intellectuels de l'humanité. Aujourd'hui, ce rôle elle ne peut plus y suffire, il est repris et il doit être repris tout entier par la science moderne. L'Église a été, si l'on veut la forme première, embryonnaire de la vie scientifique ; aujourd'hui la science s'est dégagée de cette forme rudimentaire, elle aspire à se créer une forme plus haute et une expansion plus libre. Non, elle n'y aspire plus ; elle l'a déjà presque accompli.

Lorsque la révolution française a éclaté, un de ses premiers actes a été de reconnaître cette séparation du spirituel et du temporel, et d'assurer à la science nouvelle une constitution organique.

C'est l'assemblée législative, en 1791, qui jeta cette grande assise de la science, maîtresse d'elle-même et mise à même d'accomplir sa mission sociale, lorsqu'elle chargea Mirabeau de lui présenter un projet d'organisation de l'instruction publique.

C'est de ce jour-là que la science est devenue un organe essentiel dans la société moderne, car si l'assemblée législative avait, dès le premier jour, compris si bien l'importance de la question qu'elle soulevait, Mirabeau, de son côté, aborda ce problème avec la hauteur de vues qu'il mît en toutes choses politiques, et c'est lui qui dans son projet affirma tout d'abord que la science ne peut vivre d'une vie entièrement digne, qu'elle ne peut atteindre son but élevé, et produire tout le bien que la société a le droit d'attendre d'elle, que si elle est toute libre et indépendante. Il la voulait entièrement émancipée des pouvoirs politiques et de toute ingérence de l'État. « Aucun pouvoir permanent, disait-il, ne doit avoir entre les mains des armes aussi redoutables. »

Condorcet reprit la pensée de Mirabeau et la Convention forma en lois la conception de ces deux grands hommes.

La Convention, en effet, par l'organe de Condorcet, ne se contenta pas d'organiser l'instruction publique par les locaux, les ressources et le personnel dont elle avait besoin, mais par ses lois du 29 frimaire an II et du 27 brumaire an III, elle constitua la science elle-même, en embrassant l'ensemble des connaissances humaines qu'elle divisa en sciences physiques et mathématiques, en sciences morales et politiques, en sciences littéraires et artistiques. A ces trois branches des sciences elle assura des écoles spéciales, puis des écoles supérieures et enfin un institut qui dominait le tout et qui n'avait d'autre but, divisé lui-même en trois classes, que de systématiser, synthétiser la science universelle. Et cette grande organisation scientifique, la Convention la voulut indépendante, aussi indépendante qu'avait été l'Église elle-même. Le peuple nommait les instituteurs, mais ensuite toute la hiérarchie scientifique se constituait elle-même sans ingérence de l'État qui se contentait de doter la science, comme nous dotons l'Église encore aujourd'hui. Certes à travers les fluctuations politiques, la science n'a pas conservé cette indépendance première, cependant cette constitution des connaissances humaines vit encore parmi nous et si l'on veut considérer les intérêts de la science à côté des autres grands intérêts sociaux, c'est encore dans cet organisme de l'instruction publique trouvé par la Convention nationale qu'il faudra chercher à rassembler les intérêts sociaux de la science au milieu de nous. Notre création d'un ministère de l'instruction publique a été par nous comme la reconnaissance de l'indépendance des intérêts scientifiques.

C'est, comme vous le savez, messieurs, l'honneur de la philosophie positive d'avoir remis en lumière cette nécessité fondamentale de la séparation du temporel et du spirituel, d'avoir revendiqué les droits de la science dans notre temps et par le génie d'Auguste Comte d'avoir établi une classification nouvelle beaucoup plus complète que celle de la Convention et qui, je crois, dans ses grandes lignes, restera définitive.

Eh bien, messieurs, cette science qui a ses racines dans l'instruction publique, qui projette partout ses branches par les académies, les universités, les corps savants, qui se mêle à toute la vie sociale par les professions libérales, qui transforme tous les jours et rend de plus en plus scientifiques toutes les fonctions sociales, l'industrie, l'agriculture, qui embrasse la société tout entière, et de jour en jour davantage devient son âme, sa direction et son inspiratrice, je ne crois pas que ses intérêts soient suffisamment sauvegardés lorsque l'État exerce sur la science une domination si considérable, puisqu'il a l'instruction publique tout entière dans ses mains, et que d'autre part, l'État est dans la main d'un corps de censitaires qui certes est ce qu'il y a dans notre société de moins préoccupé des intérêts scientifiques. Puisque la science n'a pas chez nous cette existence indépendante que nous reconnaissons cependant à l'Église, qu'au moins tous les hommes qui, par leur profession, par une instruction suffisante, peuvent comprendre les intérêts scientifiques, qu'au moins ceux-là forment un collège électoral séparé et puissent, dans les corps publics, nommer des représentants, qui, à côté de ceux du capital et du travail, s'occuperont particulièrement de défendre les intérêts scientifiques.

SÉANCE DU 9 AOUT 1883.

M. ARNOULD. — Messieurs, j'ai eu l'honneur d'exposer hier à la Chambre quels sont les trois éléments constitutifs de la société moderne qui doivent être reproduits dans le corps électoral pour qu'il soit la représentation exacte de la société au milieu de laquelle nous vivons.

Au fond, tout le monde est d'accord sur cette classification, non peut-être d'une façon explicite, mais en fait.

Depuis que les journaux, l'opinion publique, la Chambre elle-même se sont occupés de compléter le corps électoral, il n'y a en réalité que deux catégories de personnes que de toutes parts on désire y adjoindre : d'une part, ce sont les capacités, de l'autre, une partie tout au moins des classes ouvrières.

Il y a désaccord sur la manière de faire entrer les capacités dans le corps électoral et sur le point de savoir quels sont parmi les travailleurs ceux qu'on admettra dès aujourd'hui, mais tout le monde reconnaît que ce sont là les deux grandes catégories qui manquent au corps électoral, et l'opinion publique fait spontanément, et jusqu'à un certain point inconsciemment, ce que nous vous proposons de faire consciemment et par système, c'est-à-dire reconnaître les droits de la science et du travail.

Tout le monde est donc d'accord sur le principe de la division proposée par les auteurs de l'amendement et sur les parties mêmes que cette division doit comprendre et qui sont le capital, le travail et les capacités ou la science.

L'honorable M. Pirmez vous a présenté un amendement tendant à faire entrer les professions libérales dans le corps électoral en leur faisant payer patente. C'était incontestablement ainsi la science qu'il voulait adjoindre aux censitaires.

L'honorable M. Malou proposait avant-hier de réduire à 24 francs de revenu cadastral le taux nécessaire pour être désormais électeur; d'abord, disait-il, à la commune et à la province, et, plus tard, à la Chambre, et l'honorable membre nous a donné sa pensée explicite lorsqu'il disait : « que le moment était venu de donner l'électorat à l'élite des classes ouvrières et de le faire dans une large mesure ».

L'honorable M. Woeste vous a proposé un amendement par lequel un grand nombre d'électeurs nouveaux, surtout des ouvriers, devraient entrer dans le corps électoral.

L'honorable M. Nothomb disait hier qu'il était temps de faire une large part aux classes ouvrières.

Le projet du gouvernement ne contient pas autre chose lui-même que l'adjonction des capacités et, dans une moindre mesure, de certains ouvriers à raison même de leurs fonctions. Et par la reconnaissance de ce dernier principe qui admet les ouvriers,

non plus seulement en qualité d'imposés, de loca-
taires ou par leur capacité pédagogique, mais bien
dans leur qualité d'ouvriers, le projet gouvernemental est plus rapproché de nous qu'aucun des
membres dont je viens de parler.

En somme, il n'y a que deux catégories de personnes qu'il s'agit d'ajouter : celles qui représentent
la science et celles qui représentent le travail. Il n'y
a donc plus au foud d'autre question que de savoir
dans quelle proportion les adjonctions devront être
faites et comment ces divers intérêts seront suffisamment représentés.

Notez que du moment où l'on accepte de joindre
des catégories nouvelles aux censitaires actuels et
que ces catégories sont bien celles que nous indi-
quons, on admet en réalité notre proposition dans
son principe et son ensemble. Si donc même aujour-
d'hui la Chambre ne croit pas devoir nous accorder
l'organisation entière que nous réclamons, nous
n'avons plus aucune inquiétude sur l'avenir et l'avenir prochain de notre projet.

En effet, autre chose est de faire reposer le corps
électoral tout entier sur un principe unique, comme
le fait M. Mallar qui veut la substitution de la capacité au cens, ou comme le fait le suffrage universel
où la qualité d'homme fait le citoyen électeur, autre
chose est le principe qui consiste à admettre des

catégories, apportant chacune leur droit particulier à l'électorat.

Du moment où l'on admet l'adjonction au système existant, de catégories nouvelles et limitées à la science et au travail, on admet complètement la pensée déposée dans notre amendement.

Comment donc déterminer dans quelles proportions il faudra adjoindre aux censitaires :

1° Les capacités ;

2e Les classes ouvrières.

Ici, messieurs, se présente une difficulté matérielle qui est l'explication même de notre amendement tel que nous vous l'avons présenté.

Oui, on est d'accord sur ce que le corps électoral doit comprendre, les censitaires, les capacités et les ouvriers; mais on voit immédiatement quelles sont dans notre société les différences énormes de nombre entre, d'une part les censitaires, d'autre part les diplômés, les personnes qui peuvent représenter la science, et d'autre part encore les classes ouvrières.

Adjoindre, purement et simplement, les capacités aux censitaires, c'est noyer complètement la capacité dans le cens, puisque les diplômés, les vrais capables ne sont que quelques milliers et que les censitaires sont plus de cent mille. Ce sera une proportion de 4 ou 5 p. c, sans effet appréciable sur la masse des censitaires.

En revanche adjoindre les classes ouvrières tout entières aux censitaires actuels, serait noyer le cens, le submerger de telle sorte que censitaires et capables réunis ne formeraient plus qu'une minorité infime. Il y a en Belgique 1,800,000 ouvriers agricoles et industriels réunis, sur lesquels environ 600,000 femmes. Reste donc avec les déchets de toute espèce un million d'ouvriers. Que feraient contre cette masse et censitaires et capacités dans le vote par tête?

Comment donc résoudre la question ?

Ne sera-ce pas de séparer les trois intérêts, de donner à chacun un nombre égal ou à peu près égal de représentants, quel que fût le nombre des électeurs, et de créer ainsi dans l'État des situations à peu près équivalentes au capital, à la science et au travail ?

Si, en effet, je veux reprendre en quelques mots les divers amendements qui ont été proposés, la Chambre verra rapidement que, à moins de procéder de cette façon, on n'arrive pas à ce qu'on paraît désirer, c'est-à-dire que les grands intérêts soient représentés en ayant chacun sa part légitime d'influence.

L'honorable M. Malou, dans sa proposition, demandait que l'on descendit jusqu'à 24 francs de revenu cadastral.

Or, il y a un calcul bien simple à faire ; c'est celui-ci : Il existe en Belgique 1,500,000 cotes foncières. D'après les calculs de M. Malou, ce serait sur 800,000 revenus cadastraux environ que le calcul devrait s'établir.

Eh bien, si toutes ces personnes deviennent électeurs, quel sera, en réalité, le résultat ?

M. Malou. — Le plus grand nombre des cotes foncières ne s'appliquent pas à des habitations.

M. Arnould. — C'est incontestable. C'est pourquoi j'en retranche 700,000 du chiffre total.

Si donc la proposition de l'honorable M. Malou était admise, à quoi aboutirions-nous ?

C'est que la propriété encore serait presque seule représentée et formerait presque tout le corps électoral.

On peut donc dire que le cens, tel qu'il existe aujourd'hui, serait simplement étendu en fait, mais que rien ne serait changé dans la représentation même.

En effet, peu importe que, dans une catégorie proprement dite, il y ait un nombre plus ou moins grand d'électeurs, puisque, du moment que 800,000 électeurs représentent exactement le même intérêt que 100,000 électeurs, et lorsqu'on peut croire que les 800,000 électeurs n'auront pas de cet intérêt une notion plus complète que n'en avaient les 100,000, au point de vue de la représentation réelle des intérêts, il n'y aura absolument rien de changé.

Huit cent mille personnes, au lieu de cent mille, ayant un intérêt commun, éliront un certain nombre de députés.

Mais qu'importe que ce nombre soit plus grand si l'intérêt reste le même?

C'est absolument comme si, dans une société anonyme, on divisait le capital entre un nombre plus grand d'actionnaires. Que le conseil d'administration soit nommé par mille actionnaires ou par cent, il n'en aura pas plus de lumières, il n'en comprendra pas autrement les intérêts de la société, et sa sphère d'action n'en sera ni plus étendue ni plus restreinte.

Dans la proposition de l'honorable M. Malou, comme dans la situation actuelle, c'est toujours la propriété qui domine dans une proportion telle que les capacités et les classes ouvrières n'ont à côté d'elle qu'une place fort infime.

L'honorable M. Malou a beau dire que, dans son système, un grand nombre d'ouvriers entreraient dans le corps électoral. La question n'est pas là : la question est de savoir si les ouvriers y entreraient en tant qu'ouvriers et pour défendre, comme tels, les intérêts de la classe ouvrière. Eh bien, non ! vous auriez simplement élargi la base du cens ; vous auriez augmenté le nombre des censitaires, mais vous n'auriez pas à côté de la représentation du capital, ni celle de la capacité, ni celle du travail.

Ce système aurait seulement le résultat de fortifier encore la représentation de la propriété terrienne et je comprends qu'à ce titre il ait les sympathies de l'honorable M. Malou et de ses amis de la droite.

Quant à l'amendement de l'honorable M. Pirmez, il arrive à peu près au même résultat par une autre voie. L'honorable membre veut l'adjonction des capacités, des professions libérales, mais par la voie de l'impôt ; en sorte que, dans ce système, encore une fois, le corps censitaire qui sera légèrement agrandi, ne donnerait aucune garantie nouvelle et supérieure à la science.

Or, ce que cherche la Chambre, c'est de changer le caractère même du corps électoral, de lui donner un caractère plus complexe et plus complet.

Le projet du gouvernement, lui, n'a peut-être pas un résultat aussi clair, aussi positif que les projets des honorables MM. Malou et Pirmez. Il a, pour moi, le grand tort d'être peu systématique. On ne voit pas dès l'abord à quoi le système du gouvernement peut aboutir, si ce n'est, comme l'a dit l'honorable M. Vanderkindere avec raison, au suffrage universel.

En effet, le gouvernement, dans son projet, commence par admettre le principe de la capacité.

J'ai dit en commençant mon discours que sur ce point j'étais parfaitement d'accord avec lui. Mais ce principe de la capacité, au lieu de le restreindre de telle façon que ce soit réellement la capacité qui entrerait dans le corps électoral, le gouvernement l'étend au point que ce principe disparaît entièrement.

Ainsi, il est bien certain que si la fréquentation des écoles primaires donne déjà par elle-même le droit électoral, on n'a plus affaire aux capacités, mais d'autre part on n'a pas non plus affaire aux classes ouvrières. Ce n'est plus un groupe; ce n'est plus une partie déterminée de la nation. Ce n'est plus qu'une limite vague, indéterminée, ce n'est plus qu'un acheminement plus au moins lent, vers le suffrage universel, qui devra nécessairement avoir son jour, puisque aucune barrière ne lui est opposée. D'autre part, on fait entrer dans le corps électoral un nombre considérable de fonctionnaires. Certes, les fonctionnaires sont des citoyens. Ils ont dès lors le droit de prendre part au vote comme tous les citoyens.

Je crois cependant que les fonctionnaires ne doivent entrer dans le corps électoral que lorsque les autres catégories de citoyens y sont admises. Pourquoi un privilège en faveur des fonctionnaires?

Au point de vue des grands intérêts nationaux,

les fonctionnaires qui sont en dehors des luttes de chaque jour dans lesquelles nous apprenons à connaître la véritable situation du pays, qui ne courent aucun risque social, qui sont en quelque sorte soustraits au mouvement général, sont-ils donc placés dans des conditions meilleures que d'autres citoyens pour émettre des votes en parfaite concordance avec les véritables intérêts de la nation ?

Admettons les fonctionnaires, soit, mais à la condition d'admettre de même les autres citoyens qui assurent leur existence aux fonctionnaires.

Vous voyez, messieurs, qu'au point de vue des principes, si tout le monde admet les capacités et si tout le monde admet les classes ouvrières ou du moins l'élite des classes ouvrières, il est excessivement difficile d'établir des limites exactes et précises à moins d'admettre avec nous le principe de la séparation qui sauvegarde tous les intérêts et n'en écrase aucun.

M. Nothomb disait hier, il est vrai, que ce serait une sorte de rétablissement des ordres, une espèce de mouvement de recul et de mesure réactionnaire qui nous placerait au dehors même de notre temps pour nous rejeter au delà de la révolution française.

Franchement, je crois que l'honorable membre n'a pas réfléchi quand il nous a présenté cette objection que je ne puis considérer comme sérieuse.

Si séparer les citoyens en groupes d'électeurs était une reconstitution des ordres, nous serions en plein dans le système des ordres aujourd'hui.

En effet, nous avons l'ordre des censitaires et ensuite l'ordre de ceux qui ne votent pas.

Nous faisons disparaître ce privilège en donnant le droit à ceux qui ne l'ont pas aujourd'hui, et c'est nous qui créerions des ordres ?

Cette Chambre est-elle constituée en ordres ?

Cependant la droite, tout le monde le sait, représente plus spécialement la propriété terrienne, tandis que la gauche représente plutôt le commerce et l'industrie. Est-ce que pour cela il y a plusieurs ordres ici représentés ?

Si on voulait aller plus loin, on dirait que, en dehors des intérêts généraux dont je viens de parler, dans cette Chambre même, il y a plus que la propriété, le commerce et l'industrie qui sont représentés. Est-ce que la droite n'est pas intimement unie à l'Église, est-ce qu'elle ne prend pas constamment, presque exclusivement ses intérêts à cœur ? Est-ce que de plus tout ce qu'il subsiste d'ancienne noblesse n'est pas représenté par elle ? Est-ce que d'autre part la gauche n'est pas l'émanation même de la bourgeoisie ? Comment ? Voilà donc les anciens ordres d'avant la révolution debout, vivants dans cette Chambre et l'honorable M. Nothomb si intimement uni à l'Église et à la noblesse vient nous parler d'ordres et de réaction, quand nous voudrions que la science et le travail prissent la place que veulent prendre encore aujourd'hui la noblesse et l'Église !

Mais, quoique vous représentiez tout cela, monsieur Nothomb, pour cela faites-vous partie de ces anciens ordres et sont-ils reconstitués ici ? Non, évidemment. Pourquoi ? Parce que, quoique vous représentiez, vous vous soumettez à la majorité.

Par là même que vous vous sommettez à la majorité, quoi que vous vouliez représenter, il n'y a plus d'ordres. La majorité seule décide.

N'en est-il pas de même dans notre proposition ?

Dans le système que nous préconisons, mes amis et moi, le corps électoral à beau être partagé en différents groupes qui pourront ainsi prendre conscience de leurs intérêts, ces différents groupes, représentés dans les Chambres, dans les conseils communaux ou provinciaux, n'en auront pas moins à discuter non de leurs intérêts spéciaux, mais des intérêts généraux de la nation, de la province ou de la commune, et comme ils devront se soumettre à la majorité dans ces diverses assemblées, que pourra-t-il subsister de ces prétendus ordres ?

N'y avait-il pas, après 1830, un cens différentiel pour les villes et pour les campagnes ? Y avait-il pour cela des ordres différents ?

Si l'on votait par groupes séparés, alors, incontestablement, on aurait raison contre nous.

Du moment où l'intérêt général de la nation, de la province ou de la commune domine seul, il n'y a plus d'ordres.

Quand les ordres ont-ils cessé d'exister?

Quand la révolution française les a-t-il abolis ?

C'est aussitôt que le vote par tète a été établi. Aussi longtemps que les ordres délibéraient séparément, il y avait des ordres ; mais du jour où ils ont été réunis, que tout le monde, quelle que fut son origine, dût soumettre à la majorité ; il n'y a plus eu d'ordres.

M. Nothomb. — La nuit du 4 août a supprimé les ordres à jamais.

M. Arnould. — La nuit du 4 août a été la conséquence du fait que je viens d'indiquer.

Est-ce que le parti libéral, le parti catholique forment des ordres? Non. Ne sait-on pas cependant à peu près exactement dans chaque circonscription qui appartient aux deux partis? Si les citoyens se groupent d'après leurs intérêts, leurs opinions; si la loi ensuite croit utile de maintenir ces groupes d'une façon plus régulière, y aura-t-il là constitution d'ordres ? Dans notre code électoral, les divers partis ne sont-ils pas désignés par des couleurs connues? Il n'y a pas d'ordres cependant du moment que les groupes ne sont pas fermés ; et qui empêchera des ouvriers de devenir propriétaires et les censitaires de se faire diplômer et d'entrer ainsi dans des nouvelles catégories !

L'honorable M. Nothomb a été plus loin, il a été jusqu'à dire que nous faisions œuvre réactionnaire.

Comment voulez-vous que nous fassions œuvre de réaction quand nous désirons que la société exprime ce qu'elle veut par l'organe des éléments réels qui la composent ?

Ah, certes, nous serions réactionnaires si nous essayions de faire prévaloir des éléments qui ne seraient pas constitutifs de la société moderne. Il est bien certain que lorsque, dans la société moderne, on veut donner une part si considérable à l'Église, quand on veut même la faire dominer comme l'essaie M. Nothomb, on fait de la réaction, parce que l'Église appartient à un ensemble de choses qui n'est plus le nôtre. Mais lorsque dans la société moderne nous voulons donner leur voix tout entière à la science, au travail et au capital, c'est l'expansion même de notre société vers l'avenir que nous voulons. C'est la société moderne débarrassée des anciennes entraves.

Les trois catégories dont je viens de m'occuper ne forment au fond qu'un grand intérêt commun qui est l'intérêt national. Au fond, pas d'antagonisme définitif entre eux. Le travail périclite quand le capital disparaît ; le capital périt lorsque le travail vient à s'étioler, et si la sience s'éteignait, capital et travail périraient ; l'intérêt général domine donc tout.

C'est en lui que capital, travail et science doivent toujours finir par se confondre, et plus chacun d'eux aura conscience de lui-même et de ses véritables intérêts, plus il verra qu'ils sont identiques aux intérêts des autres groupes. C'est donc faire œuvre de paix sociale que de les mettre en présence et de les mettre à même de se mieux comprendre.

Messieurs, je crois avoir établi l'utilité, la nécessité de la séparation des intérêts dans le corps social. Nous ne nous faisons pas l'illusion de croire que la Chambre admettra le principe de la séparation la prémière fois qu'il lui est présenté. Tout au moins espérons-nous que la Chambre adjoindra au corps électoral les capacités et les classes ouvrières dans des proportions suffisantes pour leur assurer une influence sérieuse, concurremment aux censitaires, sinon à quoi aura servi la réforme ?

Leur permettre d'exercer une influence sérieuse qui leur soit propre serait peut-être le seul moyen de montrer que la séparation que nous demandons peut n'être pas nécessaire immédiatement.

LES IMPOTS.

Conférence donnée à l'Association libérale
de Bruxelles en 1885.

—

Les divers systèmes de gouvernement, quelles que
soient leurs apparences démocratiques ou conser-
vatrices, ne se font en rien connaître d'une façon
plus vraie et plus irrécusable aux populations que
par la nature et par la forme des impôts qu'ils perçoivent. Dis-moi qui te fait payer, je te dirai qui te
gouverne. Et il n'y a rien dans l'art de gouverner à
quoi le peuple soit plus sensible qu'au traitement qu'on
fait subir à sa poche. C'est là que s'établissent le plus
clairement les pulsations du mouvement social.
Quand le pouls se ralentit et qu'on ne sait plus
donner, ou que la fièvre l'agite et que le gouvernement
fait fournir plus que normalement il faudrait, c'est
que le corps social est malade. Et généralement,
lorsque l'anémie se montre et que le pouvoir se
trouve devant une plus grande difficulté de percevoir

les impôts, il ne trouve d'autres moyens que de provôquer la fièvre pour précipiter d'une façon factice l'action fiscale, il ne fait que hâter l'épuisement du malade. Seulement il arrive parfois que dans un accès de fièvre le malade mette son gouvernement par terre.

Ce sont surtout les Belges qui sont sensibles à cette forme de l'intérêt que leur portent leurs gouvernants et qui s'appelle l'impôt. Notre histoire du moyen âge est pleine de nos démêlés avec les seigneurs sur cette grosse question. C'est elle qui, chez nous, comme en Angleterre et en Italie, décida de l'émancipation de la bourgeoisie et de la constitution des communes, car le fond politique de notre hishistoire communale n'est jamais que de savoir comment et par qui l'impôt sera perçu et qui disposera de ses fruits.

Dans nos rapports avec les Espagnols, l'impôt ne joue pas un moindre rôle. Là même, nous nous montrâmes un peu plus positifs qu'il n'eût fallu pour notre gloire. La question de conscience certes nous remua fort; quand d'Egmont et de Hornes périrent, on pleura beaucoup dans le pays; mais quand le duc d'Albe nous imposa des charges nouvelles qui atteignaient la consommation, la révolte éclata comme un feu soudain.

Ce fut également un peu le cas avec le régime autrichien. On avait laissé Joseph II modifier beaucoup de choses depuis 1781, en protestant mais en acceptant en somme, mais lorsqu'il modifia les taxes, on en finit d'un coup.

Comment entrèrent chez nous les armées françaises de la République, pourquoi furent-elles accueillies avec joie? Parce que le 1ᵉʳ décembre 1792, la Convention avait décrété ceci : « Dans tous les pays qui sont ou seront occupés par les armées françaises, les généraux proclameront sur le champ l'abolition des impôts et contributions existants. » Aussi, quand Danton fut venu en Belgique, lisons-nous dans son rapport inséré au *Moniteur* du 1ᵉʳ février 1793 : « Nous avons été obligés de donner la protection de de la force armée aux receveurs des contributions auquel le peuple demandait la restitution des anciens impôts ». Nos populations trouvaient que, puisque les impôts de l'ancien régime avaient été iniques, il fallait les restituer. C'était logique, mais c'eut été difficile.

Seulement, la République eut besoin de trop d'argent pour ses guerres. Tout marcha cependant jusque sous l'empire, tant que c'étaient surtout ceux qui possédaient qui étaient frappés, mais lorsque Napoléon Iᵉʳ établit les « droits réunis », impôts de consommation et de douane, le divorce devint inévitable entre nous et la France.

De même, le régime hollandais commit une de

ses plus grandes et dernières fautes par l'établissement des taxes du ministre Appelius, qui décidèrent en grande partie de la révolution. C'est ce que rappelait M. Delhougne dans son admirable discours en réponse aux projets d'impôts de M. Graux. « Vous reprenez le rôle d'Appelius, lui disait-il, en chargeant le peuple d'impôts de consommation. » La condamnation ne se fit pas attendre et le parti libéral fut renversé.

Le parti libéral avait dans son programme d'établir les impôts sur des bases plus équitables et, en cela, il était fidèle aux traditions de 1830.

En effet, les premières mesures de la Révolution avaient été de réagir contre les impôts hollandais. Dès le 1er octobre 1830, on abolissait les droit d'accise sur l'abattage ; le 17 octobre, on remaniait l'impôt sur les distilleries, on abrogeait la loi sur la mouture ; le 1er novembre, on proclamait la libre introduction des farines dans les brasseries ; le 7 novembre, on rendait aux villes et aux communes la taxe sur les boissons, et le 16, on supprimait la perception des droits fixes sur l'importation des grains et bientôt sur les autres céréales. 1830 avait été une réaction contre les impôts de consommation, c'est à cette tradition féconde que le parti libéral avait à revenir. Au lieu de cela pour l'alcool, le tabac, le café, il reprenait le système hollandais, le système impérial; il était naturel que le pays se séparât de lui.

Quand on parle impôts, on effraie le public par l'appareil d'une prétendue science difficile à comprendre. Au fond cependant, rien de plus simple.

Dans la réalité, il n'y a que deux systèmes d'impôts : celui dans lequel ceux qui possèdent et ne travaillent pas, paient leur part ;

Et l'autre dans lequel ceux qui possèdent se font exonérer pour faire payer ceux qui n'ont rien mais qui travaillent.

Cela revient à ceci : faut-il frapper l'épargne, ou faut-il frapper la production ? faut-il imposer l'oisiveté ou faut-il imposer le travail ?

Ce dernier système était le système féodal. Le Roi, le clergé et la noblesse gardaient leur avoir et faisaient contribuer le reste de la nation. Ils mettaient à l'abri les richesses acquises pour fourrager sur les richesses en voie de formation. Les dénominations de ceux qui possèdent ont changé, mais nous en sommes toujours au régime féodal. Voyons, en effet, comment se comportent les impôts aujourd'hui. Examinons-les rapidement l'un après l'autre.

Il y a des droits sur la fortune immobilière : seulement les vieilles maisons, les immeubles anciens, les biens patrimoniaux restent cotés à leur valeur ancienne, indéfiniment ; mais bâtissez, construisez, appliquez de capital nouveau, aussitôt le fisc arrive qui vous cote à raison de votre effort pour élever la fortune immobilière au niveau des besoins de l'époque.

L'immeuble entre dans la circulation, vous payez. C'est le droit féodal de relief, de lod, de vente, de vingtième denier qui revit ; mais on oublie de taxer les biens de main-morte, des personnes juridiques, les immeubles de sociétés anonymes, et le droit de concession des mines et charbonnages est presque nul.

Vous placez de l'argent sur hypothèque, vous garantissez votre capital contre tous risques, vous ne payez rien ; mais l'emprunteur qui a besoin de cet argent pour faire marcher son commerce ou son industrie et qui fournit les garanties par son immeuble paie tous les droits.

Dans les droits de succession en ligne directe, les valeurs mobilières sont exclues, en ligne collatérale elles sont fraudées presque toujours. C'est une fortune acquise par la mort, sans travail, le fisc l'ignore.

Vous possédez des millions en valeurs mobilières, vous n'avez d'autre souci que de détacher des coupons pour toucher dividendes ou intérêts, le fisc vous laisse tranquille ; mais engagez vos capitaux dans l'industrie, dans le commerce, courez tous les périls, aussitôt vous voilà enveloppé par les douanes, les accises, les patentes, tous les droits qui frappent la fortune en activité et en mouvement.

En résumé, partout où la fortune repose, où elle est conservée sans travail et presque sans risque, où elle est sans utilité sociale, où elle est presqu'une entrave à l'activité sociale et à l'augmentation de la fortune publique, l'impôt, au lieu de la faire sortir de cet état de torpeur et de stagnation, la déclare sacrosainte, n'ose y toucher ; mais partout où elle est en mouvement, en action, et répand autour d'elle la vie et la prospérité, l'impôt la saisit, la violente, lui prend ce qu'elle peut, comme s'il voulait anéantir sa puissance civilisatrice, la ramener à l'état de somnolence et d'immobilisme.

N'est-ce pas toujours le régime féodal ?

Et, pour compléter cet admirable système vis-à-vis de ceux qui possèdent, le fisc pour la moitié de son produit va jusqu'à frapper ceux qui ne possèdent rien, les pauvres, par les impôts de consommation sans cesse grossissants, quand les autres impôts périclitent, — comme si le pauvre, le travailleur ne courait déjà pas tous les risques à la fois dans sa personne, dans son misérable salaire, exposé à toutes les fluctuations, à tous les hasards, à toutes les incertitudes du jour et du lendemain.

Est-il possible, je le demande, de tenir moins compte des nécessités sociales et de la vie économique que ne le fait notre système d'impôts !

Mais la vie économique, c'est l'organisme même

de notre société, l'impôt ne devrait y toucher jamais.

Quand devrait-il intervenir? Il ne le devrait que lorsque la valeur est en quelque sorte déposée à l'état de résidu, lorsque le produit est comme cristallisé, lorsqu'il se montre à l'état de rentes hypothécaires, de rente sur l'Etat, de valeurs transmises par succession, — car la succession, ce n'est pas un fait économique, c'est un fait plutôt anti-économique, — c'est alors que le fisc pourrait arriver sans faire aucun tort, sans entraver aucune action utile. Mais c'est le contraire qu'il fait. Il frappe partout où l'action sociale se manifeste et se prépare à augmenter la richesse générale. On dirait qu'il est dirigé contre l'expansion et la vie sociale, quand, au contraire, il devrait l'encourager de tous ses moyens, ne fut-ce que pour ne pas tarir ses propres ressources.

Ce sont les conditions d'existence même de l'organisme social que l'impôt semble se plaire à méconnaître. Il ne comprend pas que, dans le mouvement circulatoire et producteur de la société, la moindre entrave peut causer des embarras irréparables, comme dans le corps humain le moindre obstacle venant troubler le fonctionnement des organes peut compromettre tout l'appareil vital.

Un peuple emploie tous ses efforts pour avoir le meilleur réseau de transports, pour avoir la main-d'œuvre au moindre prix, l'outillage le plus perfectionné, les matières premières dans les conditions les plus avantageuses. Il a besoin de tout cela pour offrir la lutte à ses concurrents et il a besoin de tout cela pour réussir. Car si un seul de ces éléments vient à lui faire défaut, si sur un seul se produit une hausse ou une baisse de quelques francs, aussitôt, tout peut être mis en péril, des capitaux énormes, une industrie entière seront incapables de lutter, des milliers d'hommes peuvent rester sans pain.

Et c'est à ce moment, au milieu de cet appareil économique si délicat et si compliqué, que, tout à coup, le fisc vient jeter dans ces rouages multiples le bâton du douanier ou du commis aux accises, et arrêter peut être le fonctionnement du corps entier pour y prélever quelques gouttes de substance.

Vis-à-vis de l'industrie, du commerce, de l'agriculture, l'Etat professe la théorie du laissez faire, laissez passer, pour ne leur accorder aucune protection, mais il leur demande tout ce qu'il peut. de ressources,

Au contraire, il assure des garanties absolues aux créances hypothécaires, au propriétaire privilégié contre tous autres créanciers, au rentier ; mais en même temps qu'il les garantit contre tous risques et toutes pertes, à l'aide de toute la force de ses lois, il ne leur demande rien et leur accorde gratuitement la protection sociale.

Ceux qui reçoivent les fermages de biens qu'ils n'exploitent pas eux-mêmes,

Ceux qui touchent les loyers de maisons que d'autres font fructifier,

Ceux qui perçoivent des intérêts et des dividendes sans prendre part au travail d'où sont tirés les dividendes et les intérêts,

Ceux qui recueillent par succession des fortunes qu'ils n'ont pas créées, ceux-là ne paient rien ou paient peu de chose.

Mais ceux qui paient, c'est le fabricant, c'est le commerçant, c'est l'agriculteur, c'est le producteur et le travailleur.

N'est-ce pas toujours le système féodal, et quelque chose est-il changé parce que le Roi, la noblesse et et le clergé sont remplacés par le capitaliste ou la main-morte?

Mais on craint de diminuer la valeur de la fortune rentière, on craint que les capitaux ne se soustraient aux placements et qu'ils n'émigrent! C'est une erreur. Ce qu'on leur garantit c'est la sécurité, et la sécurité, ils sont prêts à la payer.

L'expérience a été faite.

En France, les obligations de chemins de fer ont subi un impôt de 3 p. c. sur le revenu, alors que la rente sur l'Etat n'était pas imposée, or, le rapport entre ces deux valeurs n'a pas changé parceque la sécurité était restée la même, c'est donc la sécurité qu'on paie et qu'on consent à payer.

Il en serait de même pour les créances hypothécaires.

En Italie, on a frappé la rente consolidée en 1870; elle a subi les fluctuations de la politique dans ce pays si agité, mais quand la sécurité est revenue, dès 1878, elle était remontée au taux normal. Ni l'intérêt du porteur de titres ni le crédit de l'Etat n'ont été atteints, puisque l'impôt n'a nullement fait obstacle à l'amélioration de 30 p. c. que les cours ont éprouvé de 1871 à 1878.

Les porteurs d'obligations, de titres de rente, les créanciers hypothécaires sont comme les voyageurs échappés à la mer et arrivés en terre ferme. Ils ne songent plus à courir de nouveaux risques ; mais il est juste qu'ils paient pour la sécurité qu'on leur garantit.

On peut frapper le revenu, il n'y a aucun danger qu'il se dérobe, tandis que frapper l'industrie, le commerce, l'activité sociale, le travail et la production, ce n'est pas seulement injuste, mais hazardeux incertain, néfaste. C'est commettre un mal souvent irréparable.

Mal irréparable souvent, parce que les impôts qui frappent la production, la consommatton, produisent immédiatement leurs conséquences les plus graves :

quelquefois la mort d'une industrie, toujours une surélévation des prix. Et désormais vous auriez beau les abolir, le mal reste fait, il n'y a plus à y revenir, car le caractère le plus mauvais le plus déplorable notamment des impôts de consommation, c'est que précisément ils sont définitifs. Si même plus tard un dégrèvement est opéré, il est inefficace. Aussitôt que l'impôt de consommation est entré dans les lois, immédiatement les prix s'élèvent, mais une fois que les nouveaux prix sont fixés, vous aurez beau dégrever, les prix subsisteront.

Nous avons vu cet exemple pour l'abolition des droits d'octroi.

A-t-elle fait descendre le prix des comestibles? L'abolition des droits d'abatage a-t-elle fait diminuer le prix de la viande?

Une fois les droits de consommation établis, il ne sert plus de rien, pour la masse de la population, de les abolir. Le mal fait est irréparable. C'est pour cela qu'il faut être si prudent avant de les établir. En principe même on devrait ne le faire jamais. C'est l'impôt que les états préfèrent parce que la perception en est la plus facile et que, chacun ne sachant pas exactement ce qu'il paye, les réclamations individuelles sont plus rares. Cependant, c'est l'impôt le plus mauvais parce que, aussitôt créé, il échappe en outre presque entièrement à l'action du gouvernement.

Voilà le premier, le grand caractère mauvais de l'impôt de consommation, c'est qu'il n'est pas mobile, qu'il n'est jamais temporaire, et ce caractère-là, je n'en vois parler nulle part, quoiqu'il soit si grave.

Mais une autre raison dont il faut tenir compte, et qui est tout aussi importante, c'est qu'aucune proportion même n'existe entre l'impôt de consommation et la surélévation de prix qui en est la conséquence immédiate. Ou bien lorsque les producteurs et marchands n'osent pas élever les prix d'une façon qui leur paraît suffisante et qui les couvre entièrement des droits nouveaux qu'ils doivent payer, ils frelatent et sophistiquent le produit. D'ordinaire même, toutes ces mauvaises conséquences concourent. Pour un résultat incertain, parfois temporaire, l'Etat fait payer plus cher à la masse de la population, et d'une façon définitive, des produits désormais plus mauvais.

Ce sera autant de perdu non seulement en argent, mais en forces vitales pour les classes ouvrières. Et ces classes sur lesquelles pèsent directement les impôts de consommation, sont-elles en état de supporter ces charges.

Hélas non ! surtout en notre pays. Car ce n'est pas seulement une crise que nous traversons ; les conditions de nos classes ouvrières ont toujours été mauvaises, si mauvaises que depuis 1854 et 1855 où le gouvernement a fait une enquête officielle sous la présid·· ·ce de M. Ducpétiaux, jamais plus il n'a osé la refaire sérieusement, tant les résultats en avaient été navrants.

Je crois pouvoir rappeler ici ce que je disais à la Chambre le 20 juillet 1883, à propos précisément des impôts de consommation proposés par M. Graux et votés bientôt après, pour le malheur du parti libéral et du pays.

« Comment savoir quelle est la situation réelle de nos classes laborieuses? Où trouver des constatations impartiales? Les sources d'informations sont rares, et je le dis sans fierté pour notre pays, ce qu'il en existe il faut aller le prendre à l'étranger. Les agents du gouvernement anglais envoient de temps en temps au *Foreign-office* des rapports qui nous éclairent sur notre situation. A quoi pensez-vous que tient en grande partie la situation industrielle si prépondérante de l'Angleterre? Aux informations sûres, précises que fournissent ses agents sur tous les pays industriels du monde et dont l'Angleterre peut profiter dans sa grande lutte pour la suprématie. Eh bien, les informations sur nos ouvriers que nos propres agents dédaignent de nous donner, nous devons aller les chercher chez les Anglais. Nos bureaux sont trop grands seigneurs pour s'occuper de nos populations travailleuses, qui sont notre capital producteur ; en revanche, les grands seigneurs anglais font pour nous ce que nos bureaux ne consentent pas à faire.

» Il y a, par exemple, un rapport de M. Pakenham de décembre 1869.

» Croyez-vous, messieurs, que ces rapports nous soient bien favorables ; pensez-vous qu'il en résulte que la situation de l'ouvrier belge soit supérieure ou seulement équivalente à celle de l'ouvrier anglais ?

» Messieurs, je n'oserais pas lire ici ce que M. Pakennam dit de nos ouvriers, de leur nourriture, de leurs logements.

» Il y a peu de temps, quelques mois à peine, a paru un ouvrage général sur la situation des classes ouvrières en Europe, par M. René Lavollée, consul géneral de France.

» Qu'y dit-on de nous, d'après les sources qu'on indique et qui sont sérieuses et bien coordonnées ?

» Je ne veux pas vous infliger des lectures trop longues, mais permettez-moi de vous lire les lignes suivantes ; il s'agit de la grande industrie :

« La rénumération des ouvriers belges, si insuffisante dans l'agriculture et dans la petite industrie, est-elle meilleure dans la grande industrie, dans les usines et les fabriques ! La réponse ne paraît pas douteuse. Pour cette branche de travail comme pour les autres, la situation des classes ouvrières belges semble pouvoir se résumer en trois mots : surabondance de bras, misère permanente, puissance de la charité. « (René Lavollée, II, p. 262.)

» M. Jottrand. — A quelle époque ?

» M. Arnould. — Cela vient de paraître, et le rapport de Pakenham est de 1869. Est-ce que par hasard on ignore que le cinquième de la population belge est assisté par les bureaux de bienfaisance ? Est-ce qu'il y a un autre pays dans le monde, en dehors de l'Irlande, où cela puisse exister ?

» Est-ce qu'on ne sait pas, puisqu'on m'interpelle, que lorsque le gouvernement belge a fait son enquête en 1854, il a pris pour base de sa statistique la classification suivante :

1° Ouvriers assistés ;

2° Ouvriers à la limite de l'assistance et n'y échappant que grâce à la charité privée ou à l'excès des privations ;

3° Ouvriers se suffisant complètement.

Quel autre gouvernement a jamais songé à diviser ses classes ouvrières en ces catégories-là !

» Et aujourd'hui on veut rendre la situation présentable, non pour venir en aide aux ouvriers mais pour y trouver prétexte à l'effet d'aller prendre sou par sou ce qui peut rester encore au fond de la poche du pauvre. Et l'on trouve que la charge ne sera pas si lourde qu'on le dit !

» L'ouvrier aura ainsi sa part dans les impôts, sa part qu'il n'a pas aujourd'hui, dit le gouvernement ! Comment, messieurs, est-ce que l'ouvrier ne paye pas dès maintenant en impôts directs et indirects infiniment plus qu'aucune autre classe de la population ! Est-on assez ignorant des questions d'impôts pour oser soutenir le contraire ? La classe ouvrière a déjà à payer l'impôt de la milice, dont je ne parle pas au point de vue humanitaire, mais au point de vue économique seulement.

» On prend les fils des ouvriers en pleine jeunesse, en plein apprentissage ou en pleine production pour deux ans, pour plus puisqu'il faut quitter le travail, plus tard le reprendre quand il est oublié en partie. Que représentent ces années de travail perdu, comme impôt direct ?

» Est-ce que, d'autre part, tous les autres impôts tels qu'ils existent ne retombent pas en grande partie sur l'ouvrier ? Tout ce que paye l'industrie, de quelque nature que ce soit, n'est-ce pas prélevé avant qu'on arrive à la fixation du salaire ?

« Est-ce que l'impôt foncier, en entrant dans la fixation du rapport de la terre, du prix du logement, etc., ne frappe pas indirectement celui qui doit se nourrir, se loger, par conséquent la masse de la population ?

» M. Pirmez. — C'est une erreur... La théorie dit le contraire.

» M. Arnould. — Vous dites que c'est contraire à la théorie ! Permettez-moi de vous dire que je ne suis pas nouveau dans cette matière, j'ai lu des théoriciens autant que n'importe qui et j'ai vu quelque peu les choses par moi-même, et l'avis de la plupart des théoriciens est conforme à celui que j'énonce, les producteurs supportent la grande partie des charges. Seulement, ce qui est vrai, c'est que pour ces impôts que je viens d'indiquer, il s'établit des compensations qui les répartissent et qui réagissent d'une classe sur l'autre. Le producteur fait naturellement, de son côté, entrer dans le prix de son travail, autant qu'il le peut, ce qu'il doit payer lui-même pour subsister ; mais quand vous frappez tout à coup et directement par des impôts de grande consommation, comme sur l'alcool et le tabac, aucune compensation ne s'établit. C'est la perte sèche. On divise les impôts en directs et indirects. Eh bien, ceux que vous appelez directs, ils sont indirects pour l'ouvrier, qu'ils n'atteignent que par répercussion ; ceux que vous appelez indirects, ils sont directs pour la classe ouvrière, sur laquelle ils tombent droit comme la grêle ou comme la foudre. »

Je me résume, le principe vrai, simple, salutaire

en matière d'impôts pour une société démocratique,
le voici !

Il ne faut pas toucher de la main dure du fisc à la
vie économique, à la vie organique de la nation.
Aussi longtemps qu'un travail, qu'une valeur, qu'un
produit est en activité, qu'il prend part à la vie
sociale intense, à l'action économique en mouvement, qu'il aide à porter la chaleur vitale sur tous
les points du corps social, il faut le laisser agir sans
l'entraver, sans lui porter la moindre atteinte, car il
travaille dans l'intérêt de tous et augmente la fortune
générale.

Mais du moment que la valeur, que le produit se
dépose à l'état de résidu, qu'il prend la forme de
placement à demeure, qu'il prend le caractère de
profit net sous forme de dividende, d'intérêt, de
rente, de loyer, de fermage, de succession, on peut
l'atteindre dans des proportions suffisantes pour en
faire la base même du système d'impôts.

Imitons la nature, elle féconde à l'aide de ses
déjections. L'épargne est l'excédant que la machine
sociale rejette dans l'accomplissement ininterrompu
de son œuvre sans fin. L'épargne au repos servant
de fumier au parasite et à l'oisif est une pestilence.
Ramenée par l'impôt dans la circulation vitale, elle
servira d'engrais à des nouvelles richesses.

Bruxelles. — Imp. E. MAHEU, rue des Fabriques, 41.